明日のプランニング
伝わらない時代の「伝わる」方法

佐藤尚之

講談社現代新書
2302

ほら　あなたにとって大事な人ほど　すぐそばにいるの

モンゴル800「小さな恋のうた」

はじめに――「最近なんだか伝わっている手応えも実感もない」とお嘆きのあなたに

なんだかみんな疲れてる

おかしい。

伝える仕事に携わっているプランナーたちが、なんだかみんな自信をなくしてる。

仕事をしていても、講演をしていても、いたるところで悩みを耳にする。

「最近なんだか伝わっている手応えも実感もない」

「以前はもっと反応があったけど、近ごろそれもなく、やり甲斐がない」

「広告もコンテンツも効いてる気がしない」

「苦労してバズらせても、一瞬火がつくもののすぐ忘れ去られてしまう」

「ビッグデータとかアドテクとか数字の話ばかりで、伝える楽しさがない」

「SNSが重要かと思ってがんばってるけど、効果が感じられない」
「マスメディアも元気ないし、いったいどうすればいいのか……」

本来、広告や宣伝、広報、メディアや販促などの「伝える仕事」はもっとワクワクするはずのものだ。

伝えたい相手に役に立つ情報をしっかり届けて、相手に喜んでもらう仕事である。楽しいはずなのである。だからこそ多くの人がコミュニケーション業界やメディア業界を目指してきた。

なのに、最近、みんな楽しんでいない。

というか、疲れてる。ひたすらつらそうな人もいる。

そこに追い打ちをかけるように「広告は終わった」「メディアの断末魔が聞こえる」「もう人を動かすとか諦めろ」みたいな否定的な論がたくさん出てきて、なんだかみんな静かにそれを受け入れているように見える。

ちょっと待ってよ！

せっかく楽しい時代になりつつあるのに！

いままで以上にワクワクできそうな時代なのに！

もっと生活者と濃厚なコミュニケーションが取れる時代にようやくなってきたのに！

この本は、そういう「伝える喜び」を取り戻すためのやり方を書いてみたものだ。なぜ、この面倒くさそうに思える「いま」が楽しい時代なのか、なるべくシンプルにお伝えしたいと思い、細かいことは抜きにして「本質的な考え方」の大筋をまとめてみた。ついでに、世にはびこるネット万能的な論、テクノロジー万能的な論にもちょっと抵抗してみたいと思っている。

だって（第二章でくわしく書くが）、ネットを毎日は利用しない人が約５６７０万人いるのである。実に日本の総人口の約半分弱、おとなり韓国の総人口より多くの人がネットを日常的には使っていないのだ。

おまけに検索をほとんど使っていない人も、この日本になんと６０００万～７０００万人くらいいそうなのである。

こういう状況をあまりにスルーしていないだろうか？

最近では安価で速いことからネット調査を使ったデータが世に出回っているけど、あれは「ネットの調査会社に登録した人」を対象に、ネット上でアンケート調査をしているのがほとんどだ。

とはいえ「ネット調査に参加しようなどと思ってもみない人」が実に日本人の半分くらいもいるのである。多くの調査データも「これはネットをよく利用している人、つまり、国民の約半分を母数とした調査なのかも」と疑ってかからなければならない（少なくとも調査会社の名前や対象を意識して見てみよう）。

ネット上で語られる広告や販促やテクノロジーの最新理論も、その多くがネット系評論家やネット企業の人たち、ネットで起業した人たちなどによるものだ。

そしてそれは「日本人の約半分を無視していることが多い」のである。

いや、気持ちはわかる。

ボクだって最古参な部類のネットの住民だ（もう20年も個人サイトをやっているし、SNSにも重度に依存している）。ボクの周りもネットどっぷりな人ばかりだ。だからそういう分析に共感もするし、賛同もする。肌感覚も近い。

でも、そういう調査をもとに、日本の広告コミュニケーションの現状を語ったり、安易にマスメディアを否定したりするのは早計だ。

だって、ネットを日常的に利用していない国民の半分の人には、まだまだいままで通りの広告手法が効くし、テレビもよく見ているし、新聞を取っている家庭だってゴマンとあるのである。

「伝えたい相手」がネットを日常的に使っている人だけなら別だが、そうとは限らないなら、そこを無視せずプランニングしなくちゃね。

伝える目的は「売り」ではない

伝える目的がどんどん表面的になってきているのも悩みの原因のひとつだと思う。

商品やサービスの「売り上げを上げるために」伝えると思っている人が多すぎる。

伝える目的は「売り」ではない。

伝えたい相手を喜ばせることだ。

考えてもみてほしい。

あなたが伝えたい商品やサービスは、いったい何のために存在するのだろう。

それは、生活者の不便や課題を解決するために存在するのである。

解決して、彼ら彼女らに喜んでもらうために、苦労して開発したはずである。売りや儲けのためではなかったはずだ。

もっと言うと、それらを作っている企業自体も、もともと生活者が抱えるなにかしらの不便や課題を解決し、彼らに喜んでもらうために創業されたはずである。

企業理念や社是を読み直してみてほしい。

あれは会議室の飾りではなく、企業や商品やサービスが「何のために存在しているか」が書かれている。

企業も商品もサービスも、生活者に喜ばれるために存在しているのである。そしてその先にある社会をよりよくするために存在しているのである。

決して「売り上げアップ」のために存在しているのではない。

その、企業や商品やサービスの「存在」や「良いところ」を伝えるための「情報」も、目的は同じはずだ。

そういう情報を伝えるのは、生活者の不便や課題を解決する大切な過程であり、必要不可欠なことだ。だっていくらいい商品やサービスでも、それを必要とする生活者に知られなければお役に立てないのだから。

つまり、その情報を伝えること自体が、生活者を喜ばすことなのである。

「いい情報に出会った」「いいこと知った」「あー、使ってみよう」「友人に教えてあげよう」と、彼らを笑顔にすることなのである。

その根本的なところが忘れられ、売り上げとか認知率とかコンバージョンとか、表面的なことばかりが重視されている。

生活者は数字を上げるための「顧客」ではない。

消費をするために存在している「消費者」でもない。

サービスを利用するだけの「ユーザー」でもない。

文字通り、日々「生活」をしている感情を持ったひとりの人間なのだ。

「就活」とか「婚活」と同じように「生活」なのだ。様々なことを感じながら明日に向かって「生きる活動」をしている感情ある一個人なのである。

伝える仕事は、そのひとりひとり感情を持った「『生活』してる人」に有益な情報を伝えて喜んでいただくという、とても大切でやり甲斐のある仕事だとボクは思う。

伝えたい相手を笑顔にしよう

その情報を、必要とする生活者に伝えて、喜んでいただく。

これが「伝える仕事」のゴールである。

よくトップ・アスリートたちが「具体的にゴールイメージを描く」という作業をするが（できなかったことができるようになる場面をイメージするとか、数年後に大きな大会で優勝しているところをイメージするとか）、実はコミュニケーションの世界でも、この「具体的にゴールイメージを描く」というのはとても有効だ。

オススメは、「伝えたい相手の笑顔を具体的に思い浮かべる」というやり方。

あなたが伝えたい企業や商品やサービスを、必要とし知りたがっている人がいる。その人たちがその情報を受け取って笑顔になる姿を具体的にイメージするのである。たとえばその情報を待ってくれているであろう対象がシニア層であるなら、ボクは、具体的に「伝えたい相手」として父とか母の顔を思い浮かべる（もう80歳代になっている）。そして、彼らがその企業や商品やサービスの情報を知って、「へー、そんなのあるの！知らなかったなぁ。それはいいねぇ」と、ニコッと笑顔になった情景を具体的にイメージするのである。

そのときの場所はどこで、時刻は何時で、と、なるべく具体的に思い浮かべる。

その笑顔の具体的イメージを「ゴール」として、プランニングをし始める。

どうすればこの情報を、うざったくなく、迷惑にならず、適切に彼らに手渡せるか、そして笑顔になってもらえるかをプランニングしていく。

なかなかいいのは、この方法だと生活者を「顧客」とか「消費者」とか「ユーザー」みたいに呼ばず、ひとりひとり感情を持った「『生活』してる人」として、謙虚に向き合えるところ。

そして、それは結果的に丁寧なコミュニケーションを創ることにつながるのである。

では、「伝えたい相手を笑顔にする」ことがゴールだとして、それをプランニングするとき、一番大切なのは何だろう。

それは「伝えたい相手を知ること」だとボクは思う。

具体的にイメージした「伝えたい相手」が、どういう毎日を送っていて、どういう情報環境にいて、何を喜ぶか、などをきちんと知ることだと思う。

だって、それらを知らないと相手を笑顔になんかできないからである。

そりゃそうだよね。

たとえば笑顔にしたい相手が海が大好きなのを知らずに登山に連れて行っても、相手は笑顔になんかならない。たとえば笑顔にしたい相手がラーメンをあまり好まないのに、「最高にうまい店がある！　え？　内緒内緒。とにかく行こう！」と、どうよとばかり自分が好きなラーメン屋に連れて行っても、悲しいかな笑顔になんかなってくれない。

まず、伝えたい相手＝笑顔にしたい相手を知ること。

その相手がどういう環境にいてどんな趣味嗜好を持ち、どんな日常行動をしているかなどを知ること。テレビを見ているのか、ネットばかりしているのか、どんなコミュニティに属しているのかをよく知ること。それによって、施策はまったく変わってくるのである。

で、この時代、伝えたい相手がその「情報環境」によって大きく2つに分かれている。

二極化してるのだ。

なので、それをきちんと二分し、伝えたい相手ごとにやり方を変えなければいけない。

くわしくは本編で書かせていただくが、いまはそれをごっちゃにしている人がほとんどなのだ。

だから伝わらない。

伝わっている実感も起こらない。

伝わらないから楽しくもない。

そういう悪循環を生み、「伝える仕事」に携わるプランナーたちの悩みと疲れのもとになっているのである。

まず、情報環境ごとにちゃんと2つに切り分けよう。

そして、それぞれに適切なプランニングで情報を届けよう。

そして伝えたい相手を笑顔にしよう。

大きく言うと、それしかこの本ではお伝えしていない。

ただ、きっとその先の「明日《あした》」には笑顔が待っている。

幸せな仕事をしたという実感が待っている。

伝えたい相手の笑顔を作る仕事。

これが幸せでないわけがない。

この本がそんな幸せな仕事のきっかけに少しでもなればうれしく思う。

最後にどんな背景をもった人間がこの本を書いているのかだけ、簡単にお伝えしておきたい。

ボクは、マス広告とネット広告をちょうど半々やってきた人間である。

広告会社で13年ほどマス広告（テレビCMとか新聞広告とか）のクリエイティブ（制作）に関わったあと、インターネット初期に手を挙げてネット・クリエイティブ部門を作り、ソーシャルメディアなども含めて13年ほどネット上のコミュニケーションに携わってきた。マスもネットも13年ずつ関わっている。

広告会社の中でも、両方そこそこ長めにやった人間は少ないこともあって、コミュニケーション全体を設計するコミュニケーション・デザインという領域を開拓してきた。

一方、個人活動として、自分のサイトを、まだ個人サイトなんて世の中に100個くらいしかなかった1995年から、「さとなお」という名前で約20年続けている。ブログも長く書いてきた。食コラムやエッセイはいくつか本になった。「ジバラン」という、いまで言う食べログみたいなメディアをネット上に創設・運営したりした。

また、２０１１年に独立したが、東日本大震災後に公益社団法人を立ち上げて支援活動したり、花火師やったり、書評やバレエ記事を書いたりもしている。

まぁ広告会社に25年ほどいたので、周りからは「広告業界の人」と思われているっぽいが、自分的には広告に限らない「伝える仕事全般」が自分の領域だと思っている。

メディアもツールもテクニックも、相手を笑顔にする手段にすぎない。

あまりそれらに偏らず、伝えたい相手のことだけを考えてこの本を書いていけたらと思っている。


さてそろそろ始めよう。

17ページを見てほしい。

頭を整理しやすいように、この本でご一緒に辿っていく道をチャート図にまとめてみたものである。

このチャート図が生活者とのコミュニケーションを考える上での「基本的な構築」として頭の中で組み立てられるようになれば、どんな課題がきても70点以上とれるようになるとボクは思っている。

そのために、例外や各論を無視して、大筋が頭に入るよう、なるべくシンプルに構成してみた。

目指すゴールは「伝えたい相手の笑顔」である。

スタート地点は「伝えたい相手を知ること」だ。

見ておわかりのとおり、2つに分かれている。

しかも、右側の「ネットを日常的に利用している生活者」における情報環境は過酷だ。

なにしろいまだかつて経験したことのない砂地獄が待っている。

まずはその現実を直視するところから始めてみたい。

【伝わらない時代の「伝わる」プランニング】

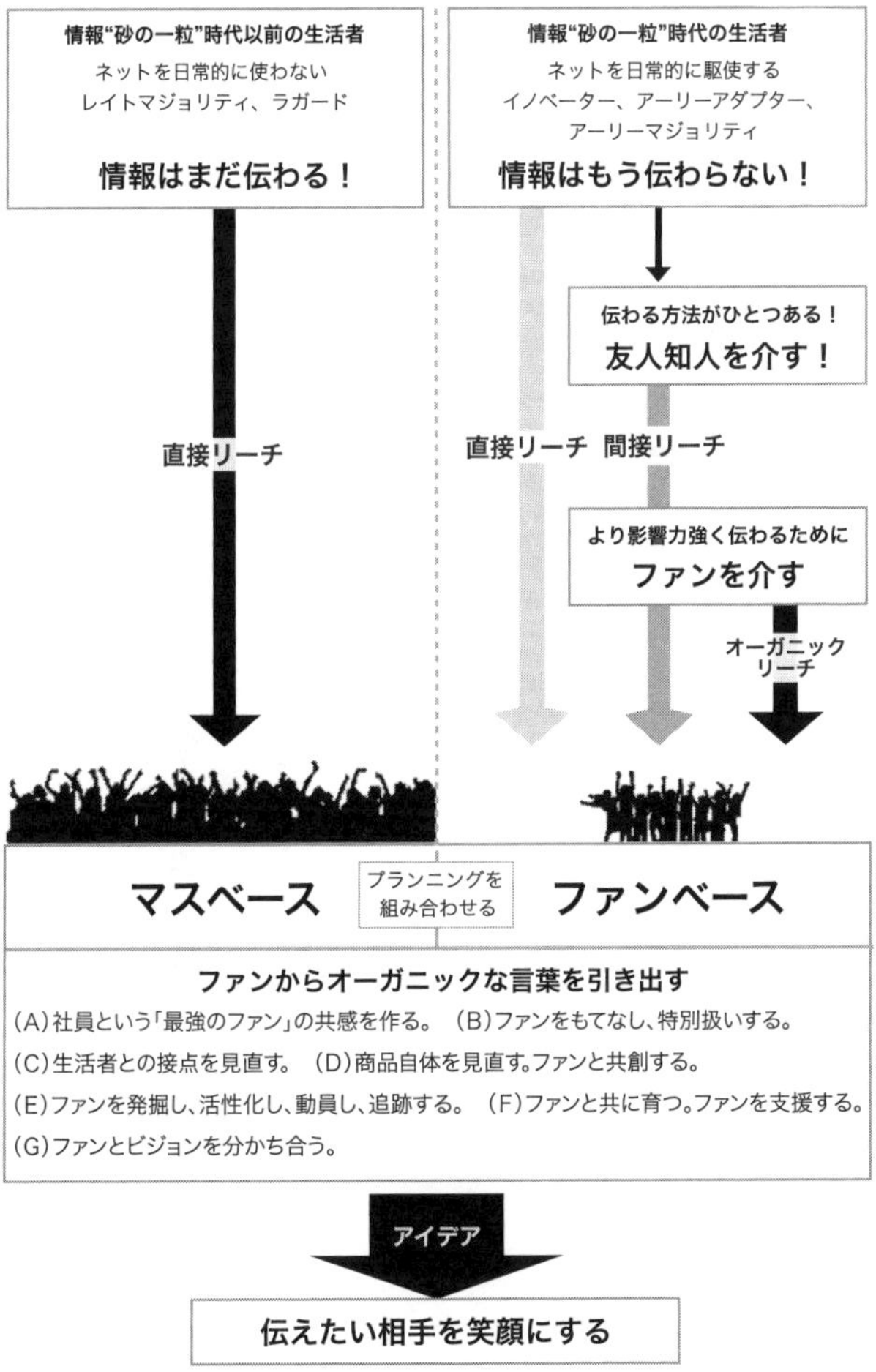

情報“砂の一粒”時代以前の生活者
ネットを日常的に使わない
レイトマジョリティ、ラガード
情報はまだ伝わる！
情報“砂の一粒”時代の生活者
ネットを日常的に駆使する
イノベーター、アーリーアダプター、
アーリーマジョリティ
情報はもう伝わらない！
伝わる方法がひとつある！
友人知人を介す！
直接リーチ
直接リーチ
間接リーチ
より影響力強く伝わるために
ファンを介す
オーガニック
リーチ
マスベース
プランニングを
組み合わせる
ファンベース
ファンからオーガニックな言葉を引き出す
(A)社員という「最強のファン」の共感を作る。
(B)ファンをもてなし、特別扱いする。
(C)生活者との接点を見直す。
(D)商品自体を見直す。ファンと共創する。
(E)ファンを発掘し、活性化し、動員し、追跡する。
(F)ファンと共に育つ。ファンを支援する。
(G)ファンとビジョンを分かち合う。
アイデア
伝えたい相手を笑顔にする

目次

第三章　友人知人という最強メディア
――砂一時代という超アゲンストに打ち勝つ方法　93

第四章　ファンベースとマスベース ――砂一時代と砂一時代以前でプランニングを切り分ける　135

第一章　「情報〝砂の一粒〟時代」がやってきた

――「伝える仕事」に携わる人にとって超アゲンスト

いま、国民の間でとんでもない情報格差が起こっている

さて、「はじめに」で書いたように、目指すべきゴールは「伝えたい相手を笑顔にすること」である。

ではスタート地点はどこかというと、それは「伝えたい相手を知ること」だ。

まず、伝えたい相手＝笑顔にしたい相手を知ることが大切である。

その相手がどういう環境にいてどんな趣味嗜好を持ち、どんな日常行動をしているかなどを知ること。テレビを見ているのか、ネットばかりしているのか、どんなコミュニティに属しているのかをよく知ること。それによって施策はまったく変わってくるのである。

実は、つい十数年くらい前までは予想がつきやすかった。

あなたが、ご自分の家族や友人や職場を見て、その延長線上で「まぁ伝えたい相手もだいたいこんな感じじゃないかな」と想像しても、そんなに大きくズレはなかった。

そのくらい日本は総中流的で、画一的だった（いい悪いは別にして）。

でも、いまはちょっと想像がつかない状況になっている。

たとえば「ネットを日常的に利用している生活者」と「ネットを日常的に利用していない生活者」なんて、生きている環境が違いすぎてもう別人種のようなことになっている。

ネットを毎日は利用しない人が５６７０万人くらいいるのは「はじめに」でもちょっと触れた（くわしくは第二章で）。

一方で、ネットを日常的に利用している人は、とんでもない情報環境になっている。いつの間にか国民の間にとんでもない情報格差が広がっているのである。

あなたはまだ情報洪水を舐めている

この章では「ネットを日常的に利用している人」にまず焦点をしぼって書いていきたい。

その人たちはとんでもない情報環境に置かれているのである。いわゆる「情報洪水」だ。

はいはい、「またそこからかよ！」という声が聞こえるようだ。

コミュニケーション系の本ではほとんどの本で取り上げられているくらい常識的なことである。２００８年に出した『明日の広告』でも、２０１１年に出した『明日のコミュニケーション』でも情報洪水の話から始めた。

でも、ちょっと待ってほしい。

実はこの情報洪水、いまや「洪水」なんて言葉で表現できないくらい進行しているのだ。

図 1

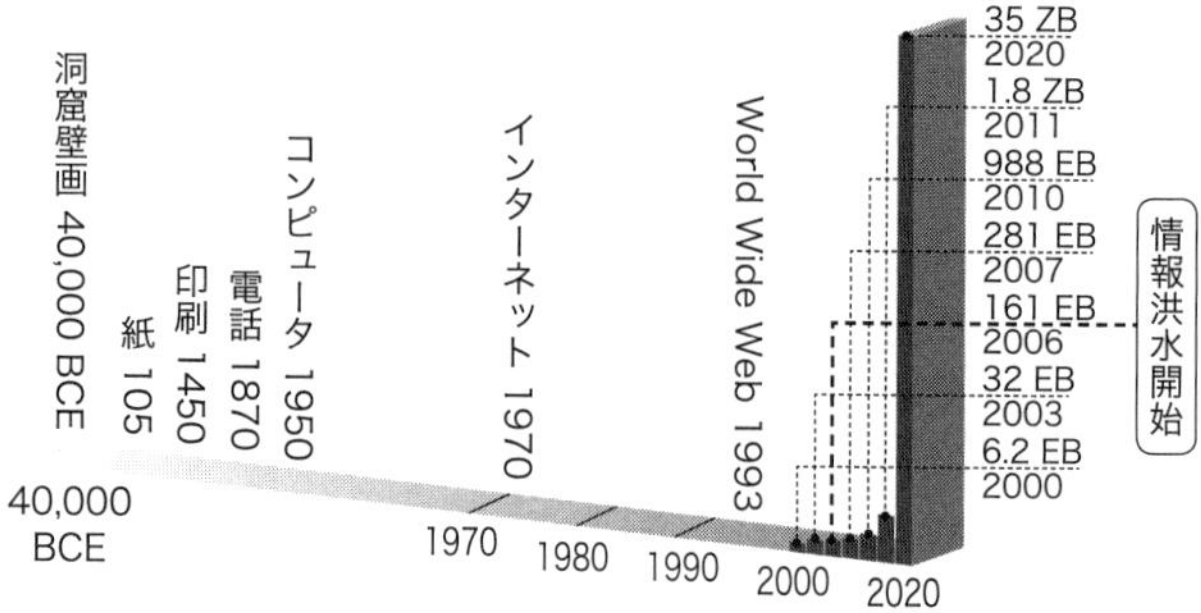

実際、ちょっと手がつけられない状況になっている。

そして国民の間に根深い情報格差を生んでいるのである。この現実をよくよくシビアに見ないと、とてもじゃないけど「伝えたい相手を笑顔にする」なんて無理だと思う。

図1を見てほしい（**注1**）。

これは人類史を俯瞰して作ってある。縦軸は情報量である。

人類は、最古の洞窟壁画（インドネシアのスラウェシ島）以来、いままで4万年以上かけて、絵や文字や書籍などを通して営々と情報を記録し、積み上げてきた。

それは、リアルで考えるとすごい情報量なはずである。なにしろ4万年だ。全人類の情報量なのだ。

ただ、**図1**を見ていただければわかるが、それは地べたを這いずるほど平たい。情報洪水後の情報量と比べると微々たるものなのである。それくらいこの情報洪水ってやつは凄まじいのである。

人類がいまだかつて直面したことのない事態であるし、我々は世界史的大変化の真っ只中にいるということだ。

とはいえ、まだ「それがどうした？」という感じだろうと思う。

具体的な数値を見ると少しはピンとくるだろうか？

なんと、2007年のたった1年間に、人類がそれまで書いた書籍の情報量合計の約300万倍の情報が流れたというのである。そして、さらにその4年後の2011年には、1921万倍の情報が流れたというのだ。

2011年1年間に、である。

人類が営々と積み重ねてきた書籍情報量合計の1921万倍なのである。

……うーん、まだ実感としてよくわからないですよね。

もうちょっとイメージできる言葉が必要だ。

注1　「電子情報通信学会誌Vol.94、No.8、2011『情報爆発のこれまでとこれから』（喜連川優）」より一部改変。これはアメリカのIDCなどによる調査データをもとに作成されたグラフである。33ページの「2020年に35ZB」という予測値もIDCによるもの。

1ゼタバイトとは「世界中の砂浜の砂の数」！

雑誌「ＷＩＲＥＤ」のウェブ記事によると、２０１０年、世界に流れる情報量はついにゼタバイト（ＺＢ）の世界に突入したらしい（http://wired.jp/2010/05/10/デジタル宇宙はゼタバイト時代へ/）。

ゼタバイトって単位、ボクは初めて知ったのだけど、読んで驚いた。

なんと、１ゼタバイトとは「世界中の砂浜の砂の数」だというのである。

そこで、もう一度**図1**を見てみると２０１０年で９８８ＥＢ（エクサバイト）と書いてある。ほぼ１ゼタバイトだ（**注2**）。つまり、数値的にはこのグラフと「ＷＩＲＥＤ」の記事はほぼ同じことを言っている。

つまり、何が言いたいかというと、こういうことだ。

２０１０年の１年間で、世界中の砂浜の砂の数と同じ１ゼタバイトの情報が流れた。

いいですか？

具体的にイメージしてみてほしい。

たとえば日本を代表する砂浜のひとつである九十九里浜のすべての砂の数。あの南北に長い砂浜のすべての砂の数ですら「無限」に近いと思いませんか？

でも、地球規模で見たら、小さな日本にある小さな砂浜なのである。

対象は世界中の砂浜だ。

世界中の砂浜の砂の数と同じ量の情報が、流れたのである。

たった1年間に。

まさに無限な量なのである。

「伝える仕事」を持っている人は、このことをもっと真剣かつ深刻に受け止めた方がいいと思う。

極端に言えば、こう言い換えてもいい。

あなたが伝えたい情報は、生活者にとってはたった「砂の一粒」である。

まぁ情報の数え方って難しいのだけど（たとえばポスター1枚にも数十〜数百の情報が入っているだろう）、でも、母数がほぼ無限なので、ざっくり言って「あなたが伝えたい情報は砂の一粒だ」と言っても間違いではないと思う。

あなたが伝えたい商品の「存在」も、あなたの会社が苦労して開発したサービスの「存在」も、あなたが必死に作ったコンテンツの「存在」も、「世界中の砂浜の砂の一粒」なのだ。

注2　1000エクサバイトが1ゼタバイトだから、988エクサバイトはほぼ1ゼタバイトということになる。

もちろん、その砂浜はスパム情報で満ちている。

そのほとんどがゴミみたいな情報だろう。

でも、その真っ只中に、あなたは、あなたの貴重な「一粒」を投じ、伝えたい相手に届けなければならない。

それが仕事なのだ。

あなたが伝えたいその情報、それでも「伝えたい人」に届くと思いますか？

それがどんなに「いいもの」で、どんなに生活者にとって「役に立つ情報」だとしても、その「砂の一粒」に果たして生活者は出会えると思いますか？

こんなとんでもない状況でも、まだ「いいものを作れば届くんじゃないかな？」「テレビやネットで露出すれば見てもらえるんじゃないかな？」「バズれば（注3）知ってもらえるんじゃないかな？」とか思っているなら、相当おめでたいとボクは思う。

「情報〝砂の一粒〟時代」がやってきた！

たいていの人はこのとんでもない状況を舐めている。

だから、あえて「情報洪水」というぼんやりした言葉ではなく、もっと切迫した言葉に言い直したいと思う。

「情報〝砂の一粒〟時代」である。

「あなたが伝えたい情報はたった砂の一粒なのだ」ということを常に意識し直すために、あえてこういう言葉を作ってみた。

いや、マジでそのくらい真剣かつ深刻に受け止めた方がいいと思う。

ついでにもっと絶望的な数字も次にご紹介しよう。

図1をよく見ると2020年までグラフが続いている。そう東京オリンピック／パラリンピックの年である。

その年のグラフの数値を注意深く見てほしい。

2020年、情報の流通量は「35ZB」と書いてあるではないか。

35ゼタバイト。

なんと、1ゼタバイトの35倍である（当たり前だ）。

地球上に砂浜がいまの35倍あって、その中の一粒があなたの伝えたい情報なのである。

もう絶対見てもらえない！

注3　バズ・マーケティングとは、世の中で話題にし、それを最大化させるマーケティング活動のこと。「バズる」などと使われる。これと同義で使われがちなのがバイラルであるが、バイラル・マーケティングはいわゆる「クチコミ」のことで、生活者同士のクチコミを利用したマーケティング活動である。

見てもらえるわけがない！

そう言い切ってしまってもいい状況ではないだろうか。

地球上に砂浜がいまの35倍あるのである。

その「すべての砂粒」分の「一」が、あなたが伝えたい情報なのだ。

長くなるしもっとダサくなるので、『情報〝地球上に砂浜がいまの35倍ある中での砂の一粒〟時代』とは書かないが、でもそう書きたくなるくらい、この状況を切迫して受け止める必要があるとボクは思う。

だって、どう考えても「伝えるなんてもう無理」だよね？


伝えるなんてもう無理！


その中でもなんとか目立てる方法はあるんじゃないか。

そう考える人もいるだろう。

たとえば広告というのはそういうものであった。

数ある情報の中で少しでも目立って、なんとかターゲットに見てもらおうと、様々な手を使って注意をひく方法を開発してきた。まさにそういう人たちの出番かもしれない。

では、たとえば超目立つように★形をした真っ赤な砂粒を作ったとしよう。

その付近にある砂粒の中では圧倒的に目立つ。

あるホテルの小さなプライベートビーチだったら、ちょっと探せば出会える可能性はあるかもしれない。

でも、そこが九十九里浜くらい広い砂浜だったらもう無理だ。

その赤い★粒に出会うのはほぼ不可能だ。一日歩き回ってもまず探せない。

数多くばらまけばいい？

たとえ数千数万ばらまいたとしても、九十九里浜で必死に探して出会えるかどうか微妙だろう。なにしろ九十九里浜は広い。そこにある無限な数の砂粒の中なのだ。

九十九里浜ですらそうなのに、それが日本中の砂浜に範囲を広げると、もう最初から諦めざるを得ない。

狭っ苦しい日本の海岸線でもその始末なのだが、それが世界中の砂浜だとすると、どんなに赤く鮮やかに目立つ星砂でも出会いようがないし物理的に無理だろう。

そして、その砂浜がいまの35倍あったら……。

そのうえ、その砂浜にある多くの砂粒がライバルで、それぞれに目立とうと工夫しているとしたら……。

って、ちょっとくどいですね（笑）。

送り手側から見ると「その砂粒を見てもらうのは奇跡的」

「いや、でも、私、昨日見た広告とか記事とか覚えてるよ。それは砂の一粒に出会ったってことでしょ？　見てもらえないなんてことはないいんじゃないかなぁ？」

読みながらぼんやりそう考えた方もいらっしゃると思う。

そりゃそうだ、ボクも毎日たくさんの情報に出会い、摂取している。つまりたくさんの砂の一粒に実際に出会っているということになる。

ただ、それは、受け手であるあなたから見た風景だ。

あなたは近くの砂浜に行き、ある砂粒に出会った。確かにその情報を受け取った。その中のいくつかは覚えているかもしれない。

でも、もしあなたが「砂粒を相手に届ける側」だったらどうだろう。

あなたは生活者にその砂粒の存在を伝えたい側なのだ。

世界のどの砂浜のどの場所にその砂粒を置いたら、相手に偶然見てもらえるのだろう。

あなたはそれをプランニングする側なのだ。

世界のどの砂浜のどの辺に、あなたの一粒を置きますか？

しかも、世界中の砂粒の多くがライバルである。

他社もみんな★形とか◆形とかスライム形とかの砂粒を作って、少しでも目立って、どうにか伝えたい相手の目にとまりたいと躍起になっている。

そんな中で、あなたが置いた一粒を見てもらえるなんて、奇跡でしかあり得ないのではないだろうか？

そう、受け手側から見ると普通に出会っているように見える情報でも、送り手側からすると「奇跡的な確率」になっているのが「いま」なのである。ミラクルなのだ。

ミラクルは意図してできることではない。

そして、企業の貴重な予算を使って「伝える」ことを任されたプロがミラクルを望むべきでもない。

プロは、もっと確実なアプローチでその砂粒を相手に見てもらわなければならない。

あなたがプロなら、まずはこの現実をしつこいほどシビアに直視しよう。

あなたが伝えたい砂粒は、いままでのアプローチでは、たぶん、いや絶対、伝えたい相手に見てもらえない。

ここがプランニングのスタート地点なのである。

奇跡的に見てもらえたとしても、速攻で忘れられてしまう

もう少しイヤなことを言うと、実はもう「見てもらう」（認知される）だけではダメだ。あっという間に忘れられちゃうからだ。

いまの生活者は、次々やってくる新しい情報を処理するため、過去の情報はすぐに脳みそからデリートするか、上書きするか、脳の奥底の納戸にしまいこんでしまうのである。

たとえば、これを書いている2015年1月にある講演をした。

そこで「ちょうど1年前の1月に田中将大投手（マー君）がヤンキースと契約したんですよ」と話すと、みんな「え？」という顔をする。「あれってたった1年前？　マー君ってもう3〜4年メジャーリーグにいなかったっけ？」とか言う。

あのとき日本中でかなりのマー君ヤンキース入団フィーバーが起こったのに、もう遠い遠い過去なのだ。もしくはそんなフィーバーが起こったことすら覚えていない人がいる。あなたは覚えていますか？　ずいぶんと騒ぎになったんですよ。

続いて「この写真から、実はまだ1年経ってません」とソチ・オリンピック／パラリンピックでの浅田真央選手の涙の演舞の写真を見せる。

たいてい「え？　あれからまだ1年経ってないの？　っていうか、ソチって……そういえばそうだったっけなぁ」とか、遠い目をする。

さすがに日本中が感動したあのスケーティングは事実として覚えているだろう。でも遠く遠く感じる。たった1年弱前とは思えない……。

というか、半年前にあったFIFAワールドカップ・ブラジル大会だって、4ヵ月前にあった錦織圭選手のUSオープン準優勝だって、数日前にあったパリのシャルリー・エブド銃乱射事件ですら、もう遠いのだ。ずいぶん昔に感じられるのだ。

我々は次々やってくる新しい情報を処理するために、過去の情報を記憶の彼方に飛ばしてしまうのである。

マー君も、浅田真央も、日本中を熱狂させた「強烈なコンテンツ」である。

そんなコンテンツですら、この通り、速攻で忘れられてしまうのだ。あなたが作った「ちょっと面白いコンテンツ」が忘れられてしまうのに、そんなに時間はかからない。

まぁでも、SNS（ソーシャル・ネットワーキング・サービス）をよく利用している方は特にわかっていただけるであろう（41ページ注4）。

昨日シェアされてきた情報、RT（リツイート）されて回ってきた情報、みなさん、覚えてますか？

いろいろ読んだ。いろいろ笑った。いろいろ唸った。

図2

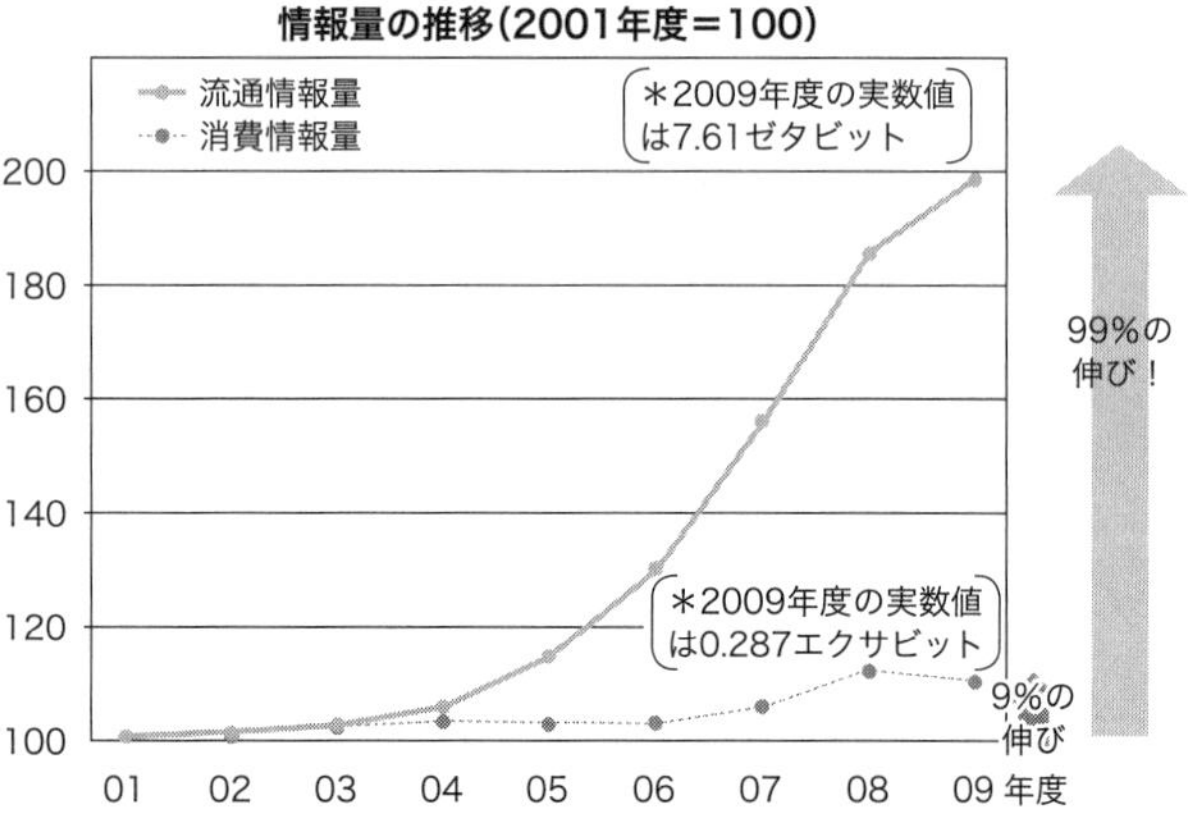

でも、ほとんど覚えてなくないですか？

そのくらい、ボクたちは情報を頭から消していく。

あなたが伝えたい情報が、よしんば奇跡的に生活者に見てもらえたとして、あっという間に記憶の彼方になってしまっても誰もそれを責められない。

一所懸命に作って仕込んだコンテンツでも、ちょっと広告で話題になったり、SNSでバズったりしたとしても、あっという間に過去の遺物になり、忘れ去られるのが「いま」なのである。

それが「情報〝砂の一粒〟時代」の現実だ。

日本における「情報〝砂の一粒〟時代」の境目は2005年

図１のグラフはアメリカのＩＤＣの調査データをもとにしているが、念のため日本の総務省のデータも見てみたい。

図２はもうこの手の本を読む方にはお馴染みすぎるグラフである。

総務省が２０１１年に発表した「情報流通インデックス」によるもので、実線は世の中（日本）に流れている情報量、点線は人間が消費した情報量だ。

で、２００５年から実線がぐっと跳ね上がり、点線と大きく乖離していっている。

これを見ても、もう人間が受けとめることが不可能な量の情報が流れていることがわかる。

そしてこのグラフでは２００９年度の実数値も示されているが、流通情報量で７・６１

注4 ちなみに、後々こんがらがると面倒なので先に定義だけしておくが、ソーシャルメディアとＳＮＳは、厳密には違うものである。「ＩＴ用語辞典 e-Words」によると、ソーシャルメディアとは「利用者の発信した情報や利用者間のつながりによってコンテンツを作り出す要素を持ったＷＥＢサイトやネットサービスなどを総称する用語で、古くは電子掲示板（ＢＢＳ）やブログから、最近ではＷｉｋｉやＳＮＳ、ミニブログ、ソーシャルブックマーク、ポッドキャスティング、動画共有サイト、動画配信サービス、ショッピングサイトの購入者評価欄などが含まれる。」とある。つまり、ソーシャルメディアはＳＮＳを含んでいる。ソーシャルメディアの方が大きな概念なのだ。じゃあＳＮＳとは何かというと、定義的には「ネット上の交流を通じて社会的ネットワークを構築するコミュニティ型のサービス」であるが、まぁざっくりコミュニケーション・ツールと言っていいと思う。

ゼタビットとなっている。これはバイトに直すと0・95ゼタバイトとなり、2010年に0・988ゼタバイト（988エクサバイト）としている図1と比べてもだいたい同じであることが見てとれる。つまり、日本国内でもほぼ同じ状況だということだ。

ちなみに図1では情報洪水のスタートを2006年としているが、図2や総務省のデータなどを見ると日本では2005年を境目とするのが妥当だろうとボクは思う。

この2005年の前と後では、「伝える仕事」は大きく様相を変えてしまう。

そういう意味ではエポックメイキングな年なのである。

この本では頻繁に「2005年以前」とか「2005年以降」とか言う言葉が出てくるので、ここは覚えておいてほしい。

「伝える仕事」にとって、2005年以前はずいぶん楽だったのだ。

たとえば2000年のミレニアムのころ。

あのころでもすでに「情報化社会」と言われてはいたが、総務省の他の調査結果（平成17年度情報流通センサスなど）を見てみても、実はまだ世の中に流れてる情報量とわれわれが受け止めて消費できる情報量はほぼ一緒だったのだ。郊外の駅前広場のごとく、のどかな時代だったのである。

つまり「情報を広く流せば、ほぼ見てもらえた時代」だったのである。

そういう意味で、広く告げる、という意味での「広告」はよく効いた。テレビや新聞で広く露出さえすれば、伝えたい相手がちゃんと受け取ってくれた時代である。「伝える仕事」にとってこんな楽なことはない。

もちろん情報的にのどかな時代であっても、そこには競争があり切磋琢磨もあった。でも、全体に流れている情報量が少なかったので、目立つメディアと表現を使えば生活者に伝わりやすかったのである。

そんな郊外の駅前広場が、急に渋谷のスクランブル交差点みたいになってくるのが、2005年以降である。

日本における情報洪水の始まりだ。

そして、それは「情報〝砂の一粒〟時代」へとつながっていく。

もう露出しさえすれば伝わるということはない。露出量さえ増やせば伝わった時代の終焉である。

ちなみに、この総務省の図を数値で計算してくれた人がいて、その人によると、2009年の段階で、「99・996％の情報はスルーされる」計算になるという。

つまり、あなたが伝えたい情報は、0・004％しか伝わらないということだ。10万分の4しか伝わらないのである。

これが２００９年。

まだ、ツイッターもフェイスブックも日本で普及する前のことなのである。

２０１０年、事態はより加速する

２００９年の翌年、事態はより加速する。

それがＳＮＳの普及である。

日本に普及しているＳＮＳとして代表的なものは、フェイスブック、ツイッター、ＬＩＮＥ、ミクシィ、インスタグラム、ピクシブ、ツイキャス、ミックスチャンネルなどがある（**注5**）。

その中でも特に代表格であるフェイスブック、ツイッターは２０１０年ごろを境に広く普及し、２０１１年の東日本大震災を機に一気に日本に広まった。

そしてＳＮＳを使っている人に「仲間ごと」を急激増させたのだ。

46ページの**図３－１**を見てほしい。

２００５年以前、世の中の出来事は主にマスメディアを通して大衆（死語）という塊に直接届けられ、それは「世の中ごと」として生活者に認知されていた。

世の中ごと、つまり、世の中に流れていて社会全体で共有されている情報である。

最新ニュースもそうだし、政治や経済の情報なども「世の中ごと」だ。で、前述のように、2005年以前はまだ世の中に流れている情報量と人間が受け止められる情報量がほぼ同じだったので、たいがいの情報は生活者の「自分ごと」になった。みんなその情報をしっかり受け止めてくれたのである。

そういう時代、商品についての大切な情報源であった広告も「世の中ごと」であり、みんながそれなりに喜んで受け取ってくれた。だからよく効いた。

メディアが出すコンテンツ（記事とか番組）も生活者の毎日に大きな影響を与えた。マスメディアが世論を作れた時代でもあったのだ。マスメディア全盛の時代である。

そして、2005年ごろを境にネットを中心に情報洪水が起こり、「情報〝砂の一粒〟時代」に突入していく。**図3－2**である。

情報はもう砂の一粒になった。広告は一気に効きにくくなり、メディアも世論を作れなくなっていった。世の中ごとが自分ごとになりにくくなったのである。

そして、**図3－3**である。

注5　ツイッターはミニブログと分類されることも多いが、ボクはSNSに入れてもいいと思っている。また、LINEもいろんな見方はあると思うが、この本ではSNSと捉えたい。

図 3-1

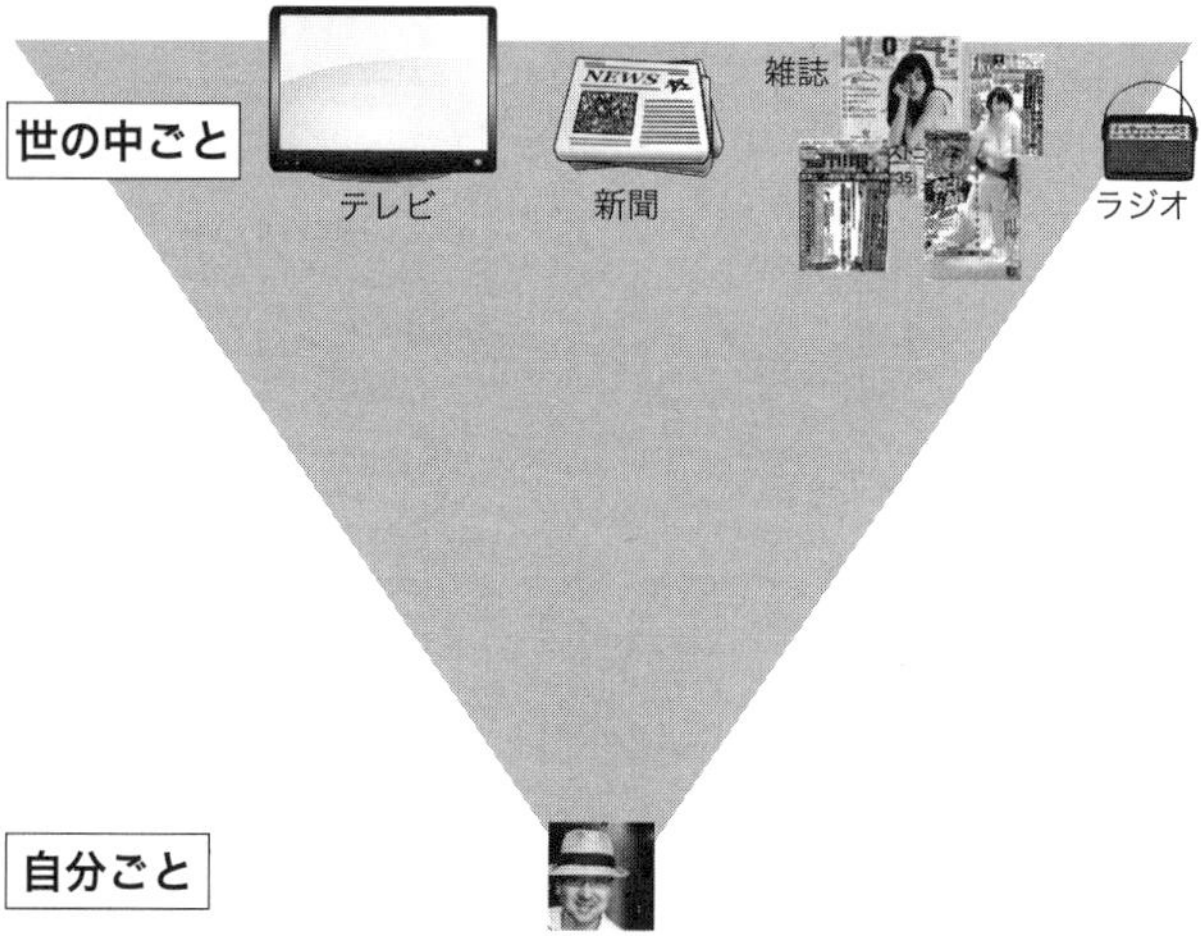
世の中ごと
テレビ
新聞
雑誌
ラジオ
自分ごと

図 3-2

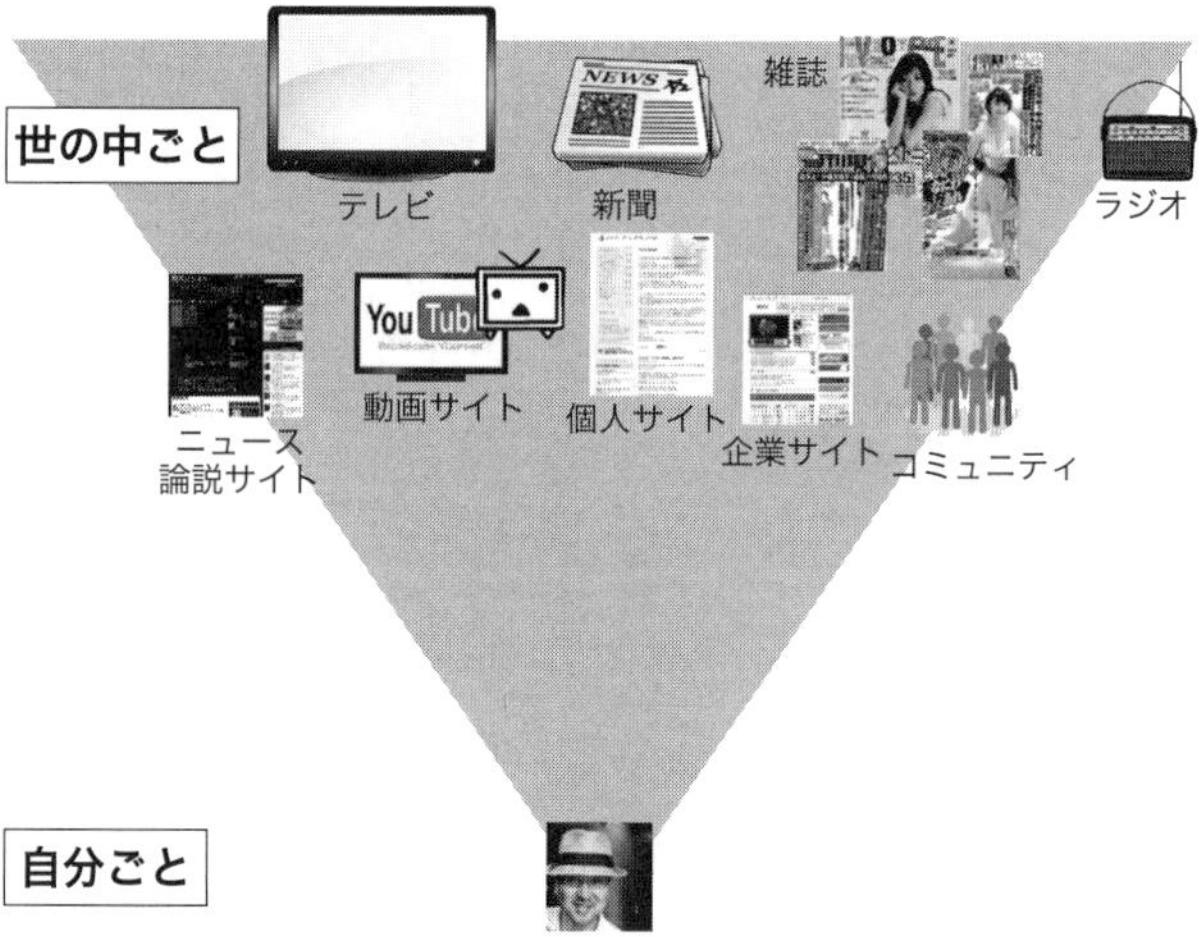
世の中ごと
テレビ
新聞
雑誌
ラジオ
ニュース
論説サイト
動画サイト
個人サイト
企業サイト
コミュニティ
自分ごと

図 3-3

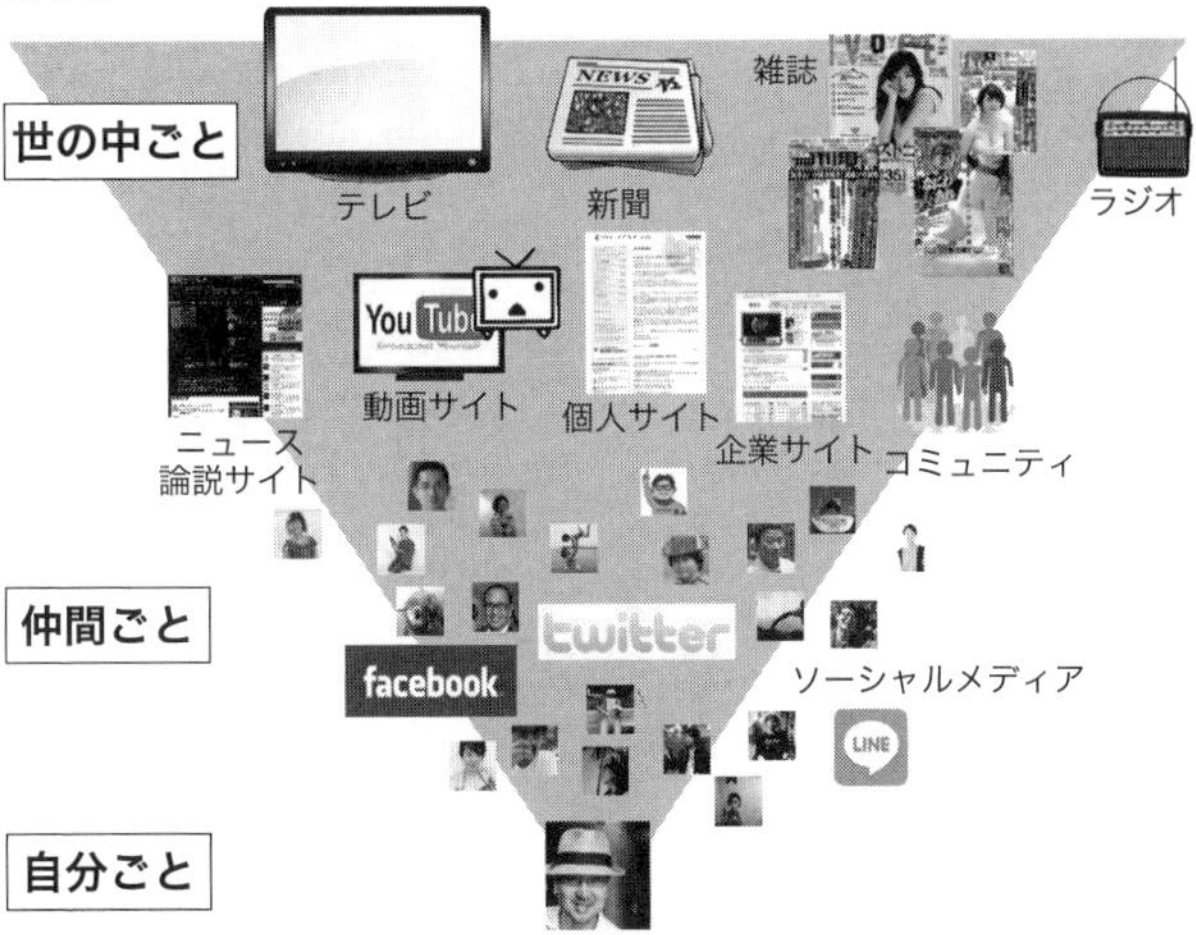

２０１０年ごろを境として、「世の中ごと」と「自分ごと」の間に、「仲間ごと」が急激増したのだ。

「仲間ごと」、つまり友人知人の近況、友人知人の意見、友人知人の興味関心事。

そういう「仲間からの情報」が、急激増し、我々の耳目を占拠し始めたのである。

ＳＮＳの出現だ。

「仲間ごと」という、ボクたちの超関心事がめちゃくちゃ増えた

しつこいかもしれないが、その２０１０年、世の中に流れる情報は約１ゼタバイト、つまり世界中の砂浜の砂の数である。

マスメディアから、国の経済がどうとか中東問題がああとか凶悪事件がこうとか、大切な「世の中ごと」が流れてきても、砂の一粒だからなかなか耳目に入ってこない（注6）。

そんなただでさえ過酷な状況なのに、SNS上で友人知人の近況や意見や関心事という「仲間ごと」が大量に流れてくるようになったのである。

それらはたいていは「しょーもない情報」である。

経済問題や中東問題に比べて、友人の「今日は朝から下痢〜」とか「昨日行ったラーメン屋が う ま か っ た ！」とか、ホントどうでもいい情報が多いのである。

でも、悲しいかな、我々の目に入ってくる。

中東問題は目に入ってこないのに、友人の下痢は目に入ってくる。

なぜなら、中東問題には興味関心がなかったりするが、友人には興味関心があるからだ。「ん？　何？　あいつ相変わらずお腹弱いのかよ！　汚えなぁどうも」とか、興味を惹かれ、貴重な脳みその一部分が占拠されてしまうのだ。

しかも、いまや若者の多くはスマートフォン（スマホ）を持っている（注7）。

朝から晩までスマホをポケットに入れて持ち歩き、トイレでも電車でも寝床でもどこでもスマホを見ている。

いったいそんなに何を見ているかというと、ソーシャルゲームや動画を見ている場合もあるが、多くはSNSにアクセスしている。つまり、友人知人の近況や意見や関心事を見ているのだ。24時間あなたのポケットに届く「仲間ごと」をチェックしていることが多いのである。

そう、「仲間ごと」はボクたちにとって（いい悪いは別にして）超関心事なのだ。

一方、「伝える仕事」に携わっているあなたが伝えたい情報は、仲間ごとほど関心は呼ばない。広告が当たり、ある程度話題になり、世の中ごとになっていたとしても（あなたが世界的大問題である中東問題をスルーするように）、見事に無視されたりするのである。

ただですら砂の一粒にすぎないうえに、重要度もとっても低いのだ。

注6　たとえば国の経済に興味関心がある人は、選択的にその情報を取りに行くので、もちろん耳目に入ってくる。でも、興味関心がない中東問題とかは耳目に入ってこない。そういう意味で「興味関心がある」というのは大切なキーワードになってくるのだが、それは第四章以降でくわしく述べる。

注7　スマホの普及率は調査ごとに数値が違い判断しにくいが、複数の調査結果を比較検討している大和総研の記事によると、2014年第一四半期で、20代においては約80％の人がスマホを使っているものの、国民全体では約40％と見るのが妥当なようである（http://www.dir.co.jp/library/column/20140522_008534.html）。日本の総人口から導き出すと、約5080万人がスマホを使用していることになる。ちなみにフィーチャーフォン（ガラケー）は約52％と、まだスマホより多い。また、2014年、スマホ契約者が減り、ガラケー契約者が増えたというデータもある（71ページ注11参照）。

超成熟市場にメディア激増、エンタメ過剰が、情報をうざくする

「情報〝砂の一粒〟時代」だけでもほとんど無理目な上に、超関心事である「仲間ごと」が急激増した。

それだけでもとことん無理っぽいのに、不利な状況はまだ続く。

簡単に3つだけ挙げておきたい。

まずは**超成熟市場**。

有史以来、現代日本ほどクオリティ高い商品やサービスが過剰に溢れている社会はそうはない。

スーパーでもコンビニでも通販でも、似たような商品で溢れかえっている。たとえばお茶を買うにしても何十と種類があったりする。どれを選んでもお茶はお茶。本質は変わらない。しかもクオリティはどれも高い。なのにそれぞれ「このお茶が一番おいしいよ！」「これを飲んで！」と主張している。

生活者たちはとっくに見抜いている。どれもこれもそんなには変わらないと。どれもそれなりにおいしいし、いいクオリティだと。

だから一方的かつ声高にアピールされてもうんざりするだけだ。

そのうえ、商品を買い揃えることが豊かさの象徴だった高度成長期とは違い、もう「モノをもたない方がおしゃれ」「断捨離したい」という時代にとっくに突入している。モノをもっていることを友人知人に自慢することも減った。

特に日本の減衰期しか知らない若者たちはモノを買い揃える習慣も意識もない。見栄が減り、みんな等身大に生きている。とっくにモノからコトへ意識が移っている。

それなのに「買って買って」と自分の都合で身勝手に勧めてくる広告などの商品情報は「うざい」だけなのだ。

次に**メディアやツールの激増**だ。

あらためて言うまでもない。メディアやツールがメチャメチャ増えた。

テレビ・新聞・雑誌・ラジオという4マス（4大マスメディア）が主なメディアだった時代に比べ、いったいどのくらい増えただろうか。

たとえばこの「たった10年」で自分がどんなメディアやツールを使いだしたか、数え上げてみると少しはイメージできるかもしれない。

ユーチューブやニコニコ動画を使うようになった。いつもスマホを手放さないし、スマホではSNSに限らず、新しく流行りだしたニュースアプリなんかもいくつか見ている。インスタグラムやピンタレストも使うし、グーグルは常に酷使。ヤフーなどのポータルや新しいテキストサイトもチェックしている……。

こんな状況下で、「伝える仕事」に携わる人は、いったいどのメディアやツールに情報を出せば伝えたい相手に見てもらえるのか、茫洋《ぼうよう》たる気分になっても仕方ない。どのメディアに出せば見てくれるのか、どのツールに出せば「伝えたい相手」に接触できるのかがとても見えにくくなっている状況なのだ。

いや、ホント、非常にプランニングがしにくい時代になっている。マジで4マス全盛時代ののどかさがなつかしい。

最後に**エンタメ過剰**である。

「伝える仕事」に携わる人は、伝えたい情報に様々なエンタメ（エンターテインメント）をまぶして、少しでも生活者に見てもらおう、楽しんでもらおうとする。

ただ、これまた有史以来、日本ほどエンタメが溢れている社会はそうはない。

日本の生活者は24時間エンタメに囲まれているのだ。

モバイルコンテンツから、テレビコンテンツ、音楽コンテンツ、ゲームコンテンツ、ネット上の動画もあれば、仲間が集うコミュニティもあれば、読んで楽しいテキストコンテンツや紙媒体もある。それ以外に、カラオケも飲み会も女子会も、土日のゴルフや山登りやバーベキューも、超楽しいエンタメだ。

24時間、あらゆるところにエンタメが溢れ、「私を見て！」「私と遊んで！」と主張し、競っているのである。24時間しかない生活者の時間の取り合いなのだ。

その中で、あなたが作った「ちょっと面白いエンタメ」を見る時間と余裕が、果たして現代の日本人にあるだろうか。

しかも、日本国内だけが敵ではない。

たとえばユーチューブなら、世界中からクオリティ高い動画やリアリティ溢れる映像がポケットのスマホに毎分毎秒届く。世界中で爆発的にウケている動画（つまりは相当面白かったり感動的だったりする）が、常時ポケットに届くのだ。

広告やコンテンツを作るプロたちは、ボクたちの日常に溢れている様々なエンタメのみならず、この「世界中からポンポン届く、世界中で爆発的にウケている動画」に勝たないといけない。

というか、それって可能なのかな？

世界中の素人&玄人クリエイターたちがライバルなのだ。

毎分毎秒、どこかで面白い動画やリアルな映像コンテンツが生み出されている。

それに勝てるエンタメを作って、商品情報に付加価値をつけるなんてこと、そんな簡単にできるものなのだろうか。

しかも、前述したように、日本中を熱狂させた浅田真央の涙のスケーティングという

「超優良コンテンツ」ですら、すぐ記憶の彼方に飛んでいってしまうような「情報〝砂の一粒〟時代」にボクたちは生きている。

広告のコンテンツ化とかコンテンツ・マーケティングとかいう呪文を気軽に唱える人がわりといる。また、「面白い動画を作ってバズらせましょう」みたいなことをさも簡単そうに口にする人もわりといる。でも、それってそんなに生やさしいものなのだろうかとよく思う。

総合的なプランニングなしにただ「いいコンテンツ」を作っても、まず見てもらえない。世界中から毎分毎秒ポケットに届くコンテンツに勝って「覚えてもらう」なんてどのくらい不可能か、ちょっと考えればすぐわかる。

圧倒的絶望から始めよう

まとめよう。

・情報〝砂の一粒〟時代（あなたが伝えたい情報はもう見てもらえないしすぐ忘れられちゃう）
・仲間ごとの急激増（生活者の超関心事である友人知人の情報がめっちゃ増えた）
・超成熟市場（あなたが伝えたい商品・サービスの情報はすでにうざい）

・メディアやツールの激増（あなたが伝えたい情報をどこに出せば見てもらえるか見当もつかない）
・エンタメ過剰（日常に溢れる様々なエンタメや世界中から届く優良コンテンツが全部ライバル）

つらい。

つらいのだ。

砂の一粒だけでも無理っぽいのに、それに加えてこんなにたくさんの不利な条件がある。よくもまぁこんなに重なったという感じである。

でも、これが現実だ。

あなたが「笑顔にしたい相手」が「ネットを日常的に利用している生活者」であるなら、彼らは、こういう環境に生きているのである。こういう環境にいる人たちに情報をなんとか伝えないといけないのである。

そう、「伝える仕事」に携わる人にとって、時代は「笑っちゃうくらい超アゲンストな状況」なのだ。

もしかしたら伝わるんじゃないか、などと淡い期待を持つのはもうやめよう。

伝えたい情報があったら「これも砂の一粒なんだよなぁ」と常に一度絶望しよう。「砂の一粒だけじゃなくて他にもいろいろアゲンストなんだよなぁ」と何度も自分に再認識させよう。そんな過酷でシビアな現実をそろそろきちんと直視しよう。

そして、その圧倒的絶望をスタートラインにしよう。


とはいえ。

これは実はネットを日常的に利用している生活者の話である。

「はじめに」で書いたように「ネットを日常的に利用していない生活者」も日本に多くいる。

その差が大きく広がり、もう別人種のようなのだ。

そして、その人たちには、実は、「いままでのやり方で伝わる」。

彼らは2005年以前の情報環境に生きているのである。

次章でその解説を試みるが、これはこれでびっくりする。

なにしろ「検索を使っていない人」が国民の半分くらいいるのである。

検索を使わないいって〜⁉

あなたは、もしかしたら空気みたいに日々ググってる（グーグルで検索している）人かもしれない。そういうあなたにとって、それはまた想像がつかない世界なのではないだろうか。

第二章　忘れちゃいけない！

情報〝砂の一粒〟時代「以前」を生きる生活者たち

――生活者を２つに切り分けてプランニングする

デジタルユニバースに接触せず生きる人たち

この章を始める前に、まず最初に誤解をしないようにお願いしたい。

この章では「ネットを日常的に使っていない人」について書いていく。ただ、彼らを「古い」とボクは決して思っていないし、これを読んでくださる方々にもそう思わないでほしいと思う。

便宜上、情報〝砂の一粒〟時代『以前』と書いているが、そのほうがわかりやすいからそうしているだけで、決して彼らは時代遅れの存在ではない。自分に最適な生き方を選んでいる生活者なだけだし、いわゆる「リア充」（リアルな生活が充実している人たちの意）でもあるのだ。

ボクの父母もほとんどネットを使わないが、だからって彼らを軽視なんてしない。そういう生き方なだけである。むしろ、ネットを使わないほうが賢者の生き方なのかもしれないくらいである。

でも、主に都会で働いていて、ネットを空気みたいに使いこなしているマーケターたちは、彼らの存在を結果的に無視してきたし、いまでもあまり重要視していないように見える。

そのことをちゃんと指摘し、注意を促したいのがこの章である。

ということで、もう一度、28ページの**図1**を見てほしい。

この図は「情報〝砂の一粒〟時代」(**以降、「砂一《すないち》時代」と略す**)の根拠としたものであるが、これはアメリカのIDCによる調査データをもとにしている。

この会社、デジタル情報の世界を「デジタルユニバース」と名付けて、サイズや成長率の測定を続けている。そしてその結果としてこのデータを発表したのである。

つまり、情報が爆発的に増えたのはデジタル宇宙のお話なのだ。

そして、ネットによって情報洪水が起こった、ということがグラフ化されているわけである。

では、ネットを日常的に利用していない人たちはどういう情報生活を送っているのだろう。

図1を見てもわかるように、ネットが広く普及し、情報洪水が起こる2005年以前、世の中に流れている情報量は(それ以降に比べると)微々たるものだった。長い人類史でずっとグラフの底を這っているくらいな量であり、しかもほとんど増えていない。

つまり、デジタルでない情報(リアルやアナログな情報)は、長くほとんど増えていない、ということになる。

そうなのだ。

図1における情報洪水は、「ネットを日常的に利用している人」にのみ当てはまることなのである。

ということは、実は「ネットを日常的に利用していない人」は、情報洪水の始まりも、それ以降の砂一時代もほとんど経験していない、ということになる。

この本の大半は、ネットに日常的に触れ、過剰な情報量に翻弄されている「砂一時代を生きる生活者」にどうやってアプローチするか、に費やされる。

なぜなら、彼らに情報を伝えるのは至難の業で、いままでのやり方を変えないといけないからである。

ただ、世の中はそういう人ばかりで構成されているわけではもちろんない。

ネットに日常的に触れていない人が意外とたくさんいるのである。

そして、彼らの姿は、特に「都会で『伝える仕事』に携わっている人たち」＝「ネットを駆使して仕事をしている人たち」からとても見えにくく、結果的にほとんど無視されてきた存在なのである。

都会で「伝える仕事」に携わっている人から見えにくい人たち

以前、東京のど真ん中で働く20代のPRウーマンと話していてこんなことを聞かれた。

「あの……、テレビCMが効いた時代ってホントにあったんですか？」

「ん？」

「佐藤さんは『情報洪水以前に比べてテレビCMは格段に伝わりにくくなった』っておっしゃってましたが、テレビCMが効いてモノが売れた時代ってホントにあったんですか？　私、想像つかなくて……CM見てモノを買うなんてあり得るんでしょうか？」

マスメディア全盛の時代に20代を送ったボクからすると感慨深い質問だった。

でも、案外これがいま都会で過ごしている20代の実感なのかもしれない。

1990年代くらいまでのマスメディア全盛時代、CMでモノは確かに売れた。CMが当たると売り上げは顕著に伸びたから、みんなこぞってテレビにCMを流したのである。新聞広告も雑誌広告も効いた。そして広告産業は花形となった。

でも、そんなことは信じられないと彼女は言う。

つまり、彼女はテレビCMを見てモノを買うということをしたことがないのだ。

テレビCMで情報を得ることはあるだろうが、そのCMだけでモノを買うなんてあり得ず、検索し、友達に聞き、価格なども比較してようやくモノを買うのである。

こんなに他にいろいろな方法があるのに、たかだか十数秒流れるCMで商品を買う人がいるなんて想像がつかない、というわけである。というか、彼女はテレビ自体ほとんど見ないのだ。

ことほどさように、人間、自分に合わせて世の中を見るものである。

自分がそうだから他人もそうだろう、と考えてしまうのだ。

いま、「伝える仕事」に携わっている人は、都会で働いている人が多い。

広告マンもマーケターも企業の宣伝部の人もメディア関係の人も、そのほとんどが大都市で働いている。

そして日々、検索を駆使して情報を調べ、最新コラムやブログを読み、ニュースアプリを追い、SNSをチェックしている。テレビはほとんど見ず、新聞もあまり読まず、ネットを空気みたいに自由自在に扱い、それを当然と思っている。

検索を使わない生活はもう想像できない。

スマホを持たずに外出すると気がおかしくなりそうになる。

そんな生活だ。

とにかく（友人知人の近況も含めて）情報を摂取しつづけてないと不安で仕方がなくな

るのだ。自分も周りもそんなだから、日本人はみんなだいたいそんな感じ、と、どこかで思っちゃっているのである。

わかる。

ボクもそんな生活だから。

でも、そんなボクたちから見えにくい人たちが意外と大勢いるのである。

数値である程度裏付けられる。

たとえば、**「ネットを毎日は利用しない人」**は、**約5670万人にものぼるのである（注8）**。おとなり韓国の総人口より多いのだ。

都会の真ん中で働き、日々ネットにどっぷり浸かっている人たちにとってはちょっと想像しにくい数値かもしれない。でも、それが現実だ。

そして、検索。

注8　総務省情報通信白書2014第5章第3節 インターネットの利用動向より（http://www.soumu.go.jp/johotsusintokei/whitepaper/ja/h26/html/nc253120.html）。インターネット利用者数は1億44万人。そこに家庭内外別ネット利用頻度の「毎日少なくとも一回ネットを利用する」約70%を掛けて得られた数値の合計（約7030万人）を、日本の総人口1億2700万人から引いた概算。なお、同じ出典で、「週に少なくとも一回ネットを利用する人」と条件を緩くすると約8740万人おり、その場合、総人口からその数を引くと「ネットを週に一回も使わない人」となる。その数は約4000万人になる。

もう検索がなかったころのことを思い出せないくらい、検索を駆使して生きている人は多いだろう。でも、検索を日常的に使わない人がびっくりするくらい数多くいるのである。

検索を使わない人が約6000万〜7000万人もいる?

グーグル・ジャパンができたのは2001年。

いまネットにどっぷり浸かっている人たちは、グーグルがなかった世の中とか想像もつかないと思うが、つい最近までそういう世の中だったのだ。

でも、いまでも検索をあまり使わない人がいる。

2010年4月にネットレイティングスが各検索サービスの利用者数を調査していて、それによるとパソコンからの月間検索利用者数は約5200万人となっている。この数値を日本の総人口（2010年当時）から引くと約7539万人になる。

つまり、**実に約7500万人もの人が、月に一度もパソコンから検索をしていない**ということになる（**注9**）。

これは2010年の調査だからちょっと古いデータになるが、その4年後の2014年にも似たような調査がされている。

ニールセンが日本国内におけるインターネットサービス利用者数を調査しているのだが（次ページの**図4**）、それによると、２０１４年、パソコンからのインターネットサービス平均月間利用者数が約５２００万人（2歳以上の男女）、スマホからの平均月間利用者数が約４２６０万人（18歳以上の男女）となっている。

この調査はネットサービス全体についてである。

だが、ネットサービス全体を使っていない人が検索サービスを使っているわけもないので、「ネットサービス全体を使っていない人＝検索を使っていない人」と考えて２０１０年のデータと比べると、パソコン利用者においては、奇しくも２０１０年とほぼ同じ数値である（総人口をほぼ同じと考えて概算）。

２０１０年も２０１４年も、約７５００万人の人が、月に一度もパソコンから検索していないことになる。

注9　インターネット未使用者含む。出典（http://www.netratings.co.jp/news_release/2010/05/Newsrelease20100527.html）。２０１０年4月度月間利用動向データによると、日本の14の主要検索サービスの利用者総数は約５２０５万人。なお、この調査はスマホや携帯を含めずパソコンからのみの数値であるが、総務省が２０１３年に発表した「青少年のインターネット利用と依存傾向に関する調査」によると、「情報の検索に普段もっとも利用する手段や機器」は、61・8％がパソコンからであり、スマホや携帯からの23％の3倍近いスコアになっていた。この調査に含まれない中高年のパソコン利用比率の高さも考慮すると、やはりかなり多くの人が検索自体をほぼ使っていないという実態が見えてくると思う。

図4
2014年「日本におけるパソコンからのインターネットサービス利用者数TOP10」

ランク	サービス名	平均月間利用者数（人）	対昨年増加率
	パソコン インターネット利用全体	52,068,000	−8%
1	Yahoo	40,986,000	−12%
2	Google	27,720,000	−17%
3	FC2	22,445,000	−19%
4	YouTube	22,215,000	−18%
5	Microsoft	21,763,000	−10%
6	Rakuten	21,517,000	−15%
7	Amazon	20,164,000	−14%
8	Wikipedia	18,225,000	−20%
9	MSN/WindowsLive/Bing	16,775,000	−17%
10	Ameba	16,534,000	−25%

出典：2014年12月16日ニールセン株式会社
http://www.netratings.co.jp/news_release/2014/12/Newsrelease20141216.html

いまや会社でパソコンを使わない人はほとんどいない。

また、デジタル・シニア層（会社でパソコンを覚えて引退した団塊世代）もたくさんいると言われている。つまりパソコンを所有して使っている。

なのに、２０１４年において、月に一度もパソコンから検索をしない人が約７５００万人もいるのはびっくりだ。

しかも、この変化の激しい時代、４年もたって人数が変わってないのはどういうことを指しているのだろう。

もちろんスマホやタブレットに重心を移した生活者も多いと思う（**注10**）。

その人たちは、パソコンを所有しつつも検索はスマホでする。だから、７５００万人という実数は減らないけど、実際に検索を利用している人は増えていると考えられる。また、パソコンを買わず、すべてをスマホで済ます若者も多い。

そういう人を勘案したとしても、ボクは、２０１４年に**「日常的に検索を利用していない人」の数は、６０００万人から７０００万人くらいいる**と思う。

幅があるのは、パソコンからスマホやタブレットに重心を移した人の数が読めないからである。この辺、データがもっと充実してくると正確な数値がはじき出されると思う。

ただ、前述したように、ネットを毎日は利用していない人が約５６７０万人いる。また、２０１０年に月に一度も検索しなかった人たちが、スマホを買った途端に急にばんばん検索を利用し始めるかというと、正直そんなことはないと思う。

そして、パソコンも持ち、スマホも使っているという人もまた多く、砂一時代の情報量に晒されている情報リテラシー（情報受発信能力）が高い人たちは、たいてい両方を使いこなしている（逆に言うと、パソコンもスマホも使いこなしているからこそ情報洪水に飲まれている）。つまり、65ページに書いたパソコンからの約５２００万人とスマホからの約

注10　電子情報技術産業協会の発表によると、２０１４年度のパソコン国内出荷台数は前年度比24・１％減の約９１９万台で１０００万台の大台を割った。パソコンを所有している人は減る傾向にはあるようだ。ただ、49ページ注７や71ページ注11からわかるように、スマホ契約者数が急伸しているかというと、特にそういうことはない。

4260万人はかなりだぶっていると考えられる。

それらの理由から、ちょっと乱暴に推論した。

まぁデータが少ない中でああだこうだ推論しても仕方ない部分はある。

第一、この数字には乳幼児や高齢者も入っている。ガラケーからの検索も計算に入れていない（この時代にガラケーを使っている人って、どのくらいガラケーから検索しているのだろう？）。

ただ、ここでは正確な数値を求めたいわけではない。

砂一時代「以前」の情報環境に生きる生活者が思ったよりたくさんいるのではないか、という事実を確かめたいだけだ。

検索をあまり利用していない生活者は、情報に対して受身かつ情報リテラシーが低めで、ネット上で起こった爆発的な情報量の増加に触れていない。情報洪水の始まりも、それ以降の砂一時代も、ほとんど経験していないということになる。

確実に「砂一時代以前の生活者」なのである。


砂一時代以前の人が、ざっと国民の半分いる、ということ

もうちょっとだけ数字を追ってみたい。

２０１４年４月に発表された総務省の「平成25年情報通信メディアの利用時間と情報行動に関する調査」によると、主なソーシャルメディアの利用率は全体で57・１％である。つまり、ソーシャルメディアを利用していない人は42・９％となる。この調査は13歳〜69歳を対象としているので、人口分布からざっくり割り出すと（13歳〜69歳の人口は約９０００万人）、約３８６０万人がソーシャルメディアを利用していないことになる。

国民全体で考えると、最近ではＬＩＮＥとかは小学生も使っていそうだしデジタル・シニア層も増えているが、仮に13歳未満と70歳以上（足すと約３７００万人）がほとんどソーシャルメディアを使っていないと仮定すると、約７５６０万人がソーシャルメディアを使っていないことになる。ちょっと少なめに見積もって、まぁざっくり７０００万人程度の人が使っていないと言えるのではないだろうか。

たとえば、ＳＮＳでのバズが持てはやされているが、約７０００万人もの国民に届いていないことになる。

前述したように、この辺は都会のマーケターたちから見えにくい生活者だ。

だから調査結果が充実していない。まだ実態がよくわからない。

それを承知のうえで、調査年度が多少ばらつくが、乱暴にざっと数字を並べてみよう。

２０１４年の時点で、日本の総人口：約１億２７００万人のうち、

ネットを毎日は利用していない人：約５６７０万人
検索を日常的に利用していない人：約６０００万〜７０００万人
ソーシャルメディアを利用していない人：約７０００万人

こんなにいるのである。

世はネット上のマーケティングが全盛になってきているが、ネットにあまり触れていない人たちが、ざっと国民の半分くらいいるのである。

国民の半分くらいが「砂一時代『以前』」の情報環境なのだ。

いや、もっと多いかもしれないくらいだ。

なぜなら、調査で「ネットを利用している」と答えた人でも、ソーシャルゲームしかしてない人や連絡手段としてのＬＩＮＥやメールしか使ってない人もわりと多くいるだろうから、情報環境の観点から見ると（情報が砂の一粒になってしまうような圧倒的な情報量に囲まれているかどうかという観点から見ると）、実際にはもっと多くの人が「砂一時代『以前』」と言えるかもしれないのである。

たとえばスマホの普及が数年で急伸すれば状況が大きく変化することもありえる。

でも、スマホだって普及が伸びていると言われつつ、出荷台数が頭打ちになり、逆にガラケーの出荷台数が増えているという調査もあるのである（注11）。もしかしたらしばらくはこの状態が続くのかもしれない。

ボクはネットが普及することで世の中がより良くなると信じている。だから、あまりネット普及に否定的なことは書きたくないし、見たくもない。でも、この現実は直視しないといけないだろう。

たとえば、安価で早いことからネット調査を使ったデータが世に多く出回っている。でもあれは「インターネットリサーチの会社に登録した人」を対象にネット上でアンケート調査をしているのがほとんどだ。しかるに「ネット調査に参加しようなどと思ってもみない人」が国民の半分くらいいるのである。

つまり、ネット調査の結果も「これはネットの住民を母数とした国民半分の人に対する

注11　MM総研が2014年の携帯電話端末の出荷概況を発表した（http://news.livedoor.com/article/detail/9803868/）。それによれば、スマートフォンの出荷台数が2年連続で減少。一方でフィーチャーフォン（ガラケー）は前年を上回った。これはスマホが年間1000万台規模で出荷された2008年以来、初めてとのことらしい。ただ、ガラケーの契約更新を迎えた人が多かった年という側面もあるらしい。

調査なのだ」と意識しないといけない。

というか、調査に限らず、ネット上のキャンペーンも含めて、「砂一時代『以前』の生活者をほぼ無視している」ということだ。

そりゃネット施策をしても「伝わっている手応えも実感もない」わけだ。プランニングにおいて、この人たちは第一章で書いた「砂一時代の生活者」とはずいぶんアプローチが変わってくるからである。だってこの人たちは、砂一時代の圧倒的な情報量に触れていない「砂一時代『以前』の生活者」なのだ（注12）。

まぁよくよく周りを見回すと納得もできる。

たとえば、都会に住み、たくさんの情報に囲まれているように見えても、ボクの父母（80歳代）はネットをほとんど利用していない。

高齢者だけでなく、都会に住んでいる熟年や青年世代でも、たとえばブルーカラー層の人たちはネットをそんなに使っていないようだし、ホワイトカラー層でも情報を積極的に摂取しないタイプの人もたくさんいる。専業主婦でSNSをほとんど利用してない人もわりと多く知っているし、学者や医者で仕事以外ではほとんど検索などを利用しない人も何人も知っている。

彼ら彼女らだってメールやLINEなどは使うだろうが、デジタルユニバースの圧倒的な情報量には触れていないのだ。

砂一時代に生き、ネットを駆使して過ごしている人たちのすぐ横に、砂一時代以前の情報環境で過ごしている人がたくさんいるのである。

このように、都会とか地方とかに限らず身近なところで情報格差は大きく広がっている。

有名なイノベーター理論（次ページ**図5**）で言うと、砂一時代の生活者はイノベーターとアーリーアダプター、アーリーマジョリティのあたりにいると思われる。ネットの可能性にいち早く気付き、飛びついた人たちだ。

でも、「ネットって便利そう」と思っても、なんとなく近づかない人たちも多くいる。

そういうレイトマジョリティ、ラガードの人たちが、主に砂一時代「以前」の情報環境

注12　「砂一時代『以前』」と書くと、今後砂一時代に突入しそうに見えるが、これまでの調査結果を見ていくと、思ったほどそこへの流入は起こっていないようにも見える。ただ、この本では、「砂一時代の情報環境に生きる生活者」と「砂一時代以前の情報環境に生きる生活者」を分けるため、便宜的に『以前』と表現したいと思う。今後、生まれながらにデジタル社会であるデジタルネイティブが就労者人口の過半数になったり、ＩｏＴ（Internet of Things：モノのインターネット。ＩＴ関連機器以外の様々なモノがネットに接続しネットワークされること）の時代になったり、画期的に便利なウェアラブル・コンピューターが発明されたりすれば、さすがに砂一時代に自然突入するとは思われるが、次項のマイルドヤンキーたちの日常を見ると疑わしい部分も残る。

図5

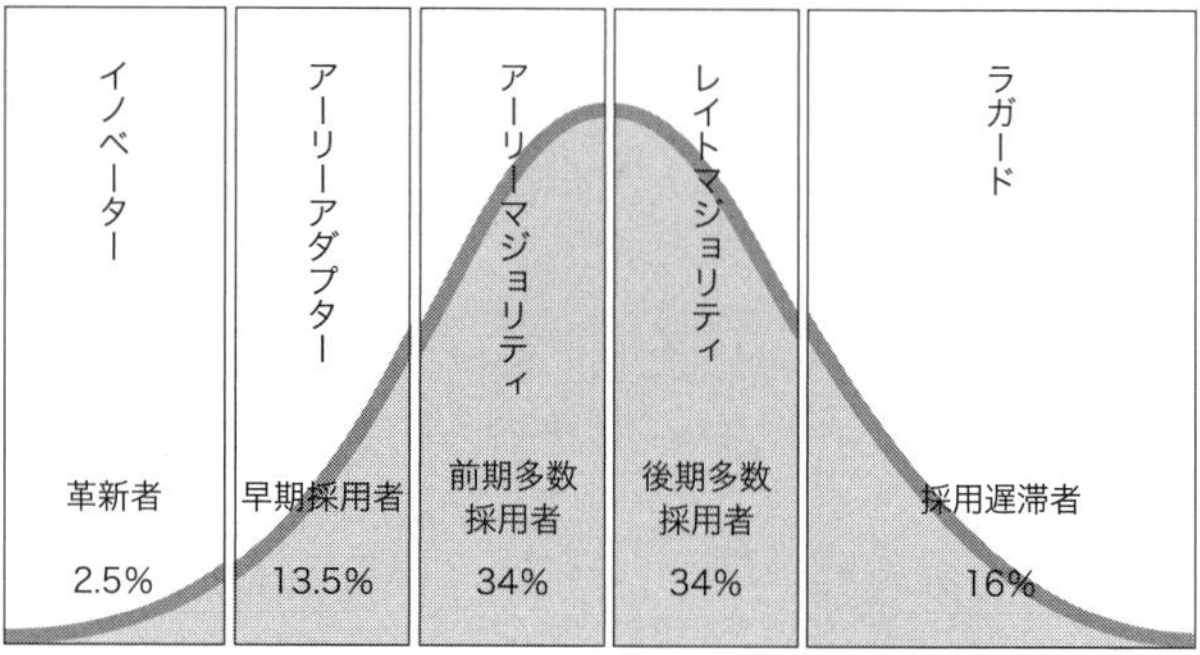

にいると言っていいと思うし、それが国民の半分くらいいるということなのだ。

そういう生活者たちがどういう毎日を送っているか、例として適切かどうかはわからないが、2014年に広告業界で話題になった新ヤンキーとかマイルドヤンキーとか言われる層の生態にちょっと触れてみたい。

この層は、流通業界や車業界、教育業界などでは以前から常識的に語られていた。

でも、広告業界をはじめとするコミュニケーション業界の人たちからはわりと見えていなかった層である。

マイルドヤンキー、もしくは新ヤンキーと呼ばれる人たち

2014年、『ヤンキー経済』という本が広告業界で話題になった（原田曜平著／幻冬舎新書）。

「ファッションも精神もマイルドな新ヤンキー」を「マイルドヤンキー」と名付け、その日常と消費行動を追っている本である。

そして、「彼らは『若者がモノを買わない』時代、唯一旺盛な消費欲を示している」と書かれている。「伝える仕事」に携わるボクたちにとって無視できない存在だ。

この分野は、いくつかの本で研究されつつあるが（注13）、実はまだくわしくは研究されていない。いままで社会学者の視野に入っていなかった、というのが現実かと思う。そして都会で働くマーケターたちの視野にもほとんど入っていなかったのが実情だ。

しかも意外とたくさんいそうである。

このマイルドヤンキー層（新ヤンキー層）は、20代の約30％くらいいるのではないか、と言われている（２０１４年5月12日放送　ＮＨＫニュースおはよう日本「いまや若者の一大勢力？　マイルドヤンキーとは」より）。

総務省の人口推計最新値の20代人口（１２８０万人）から割り出すと、約３８４万人がマイルドヤンキーということになる。

ただしこれは20代のみなので、10代後半や30代40代などを入れると（超アバウトで申し

注13　この辺のことを知りたい方にオススメなのは、前述の『ヤンキー経済』と『世界が土曜の夜の夢なら　ヤンキーと精神分析』（斎藤環著／角川書店）。他に『ヤンキー化する日本』（斎藤環著／角川 one テーマ21）や、『ケータイ小説的。』（速水健朗著／原書房）、『ヤンキー文化論序説』（五十嵐太郎著／河出書房新社）などがある。

訳ないが）約１０００万人前後はこういう層がいるということになるだろうか。この辺はもうちょっと精細な調査が待たれるが、本当にそれだけいるのなら、「マス層」と言ってもいいほどの塊である。

週刊現代の記事が転載された「現代ビジネス」の２０１３年12月2日付「賢者の知恵」(http://gendai.ismedia.jp/articles/-/37682）が、そのマイルドヤンキー層（ここでは新ヤンキーと呼んでいるが）についてわかりやすくまとめているので、少し長いが一部を引用したい。文中、ちょっと煽り気味に書いている部分もある気がするが、割り引いて読んでほしい。

かつてのヤンキーとは異なる、「新ヤンキー」と呼ぶべき人種が、いま日本で爆発的に増殖しつつあるのだ。
たとえば、首都圏から少し離れた関東の地方都市。国道沿いにショッピングモールや量販店、ファミリーレストランが立ち並ぶ郊外に彼らはいる。
地元の学校を卒業し、地元の工場や店舗に就職。早ければ、都市部の大学に進んだ同級生が学生生活を送っているのと同じ頃、やはり地元の友人と20歳そこそこで「デキ婚（できちゃった結婚）」し、子どもには「キラキラネーム（当て字や難読漢字を使った読みづらい名前）」をつける。「東京のエリート」が頭を悩ませている晩婚化や高齢出産は、遠い世界の話である。

週末といえば大型ショッピングモールで買い物、カラオケ、ボウリング。本も雑誌も新聞も全く読まず、暇な時間にはテレビを見るか、スマホでゲームに興じる。ファミリーレストランやコンビニ弁当、ファーストフードで食事を済ませ、ときどき子連れで居酒屋に出かける。

「休みはラウワン（ラウンドワン、ボウリングやカラオケを備えた複合アミューズメントチェーン）かなあ。携帯はLINEとパズドラ（スマートフォンのゲームアプリ）しか使わないっすね」（ショッピングモールの男性客）

「ヤンキーの価値観は『気合主義』と『反知性主義』。つまり、『気合と勢いがあればなんとかなる』『ややこしい理屈をこねるより、大それたことを実行した奴が偉い』という発想です。このような考え方は、日本人なら誰もが多かれ少なかれ不良経験とは無関係に持っているのですが、近年それが顕著に表れるようになっています」（斎藤環氏）

「東京では全く売れないのに、地方では爆発的に売れているものがあります。浜崎あゆみ・EXILEなどに代表される歌手やアイドルのヒット曲、数年前にベストセラーになった『ケータイ小説（註・携帯電話で読める小説を書籍化したもの。若い女性に人気を博したが、内容が批判の的にもなった）』などは、東京では誰も興味がないのに、地方ではみんなが買っている。

一方でその逆もある。時折コンビニで野菜を多く使った弁当が売り出されますが、長続きしない。健康に気を遣うのは首都圏の富裕層だけで、圧倒的大多数を占める地方の客は、から揚げ弁当を買うからです。

いま日本で売れるのは、好みが多様化している東京の住民ではなく、地方で一枚岩を形作っているヤンキーに受ける商品なのです」（速水健朗氏）

かつて、「1億総中流」という言葉があった。高度経済成長で景気は右肩上がり、市場には欲しいものが溢れ、日本人は皆同じテレビ番組を見て、同じヒット曲を聴いた。国民全体を包む「仲間意識」があったのだ。

「しかし、時代は変わりました。不況のため、経済的な理由から一生地元から出ずに過ごさざるを得ない人々が増えたのです。ですから、現代のヤンキーは東京に憧れず、地元への愛着が非常に強い。インテリが集まる東京のことは、無視するか嫌悪している」（速水氏）

「学歴が上がるにつれ、ヤンキーは周囲からいなくなっていきます。東京に住み、学歴が高く、収入の高い人は、物理的にヤンキーと接する機会がない。しかも、地方から東京に出てくる人が減っているとすれば、今後ますます階級格差は固定化されるはずです。

一方で郊外や地方に住むヤンキーたちには、そもそもエリートが何の仕事をし、ふだん何を食べ、どんな遊びをして暮らしているのかまったく分からない。上流の文化が存在するということさえ知りません。

これまで日本では、アメリカやヨーロッパのように経済以外、つまり文化の面で露骨な階級格差が表れることはありませんでしたが、社会構造が変わりつつあるのでしょう」（五十嵐太郎氏）

同じ日本に住んでいても、新ヤンキーとエリートはもはや別世界の住人だ。

いかがだろうか。

多くの新ヤンキー本やレポート記事にほぼ同じことが書いてあるので、こういう層がある一定数いることは間違いなさそうである。

というか、この話をお酒の席などですると「まさに私の田舎のことです！」などと、机をたたいて盛り上がる人が多い。都会に出て働いていると地元との接触が薄くなるのだが、たまに田舎に帰ると右に引用したような生活をしている同年代が多くて驚くそうである。

ちなみに、ボクの友人のK君（男性・岡山出身）はこんな情報を寄せて裏付けてくれた。

ぼくの地元では、都市部の大学に行く人は稀で、半数以上が地元や県内に残りました。本当に20歳前後でみんな見事に結婚したり子どもができたりしてましたが、彼らがいつも言っていた言葉が印象的でした。

「高校卒業したら仕事と女。そしたら子どもができるじゃろー。そしたら落ち着くんよ。仕事と女、そして子どもで落ち着く！　シンプルでうらやましいじゃろー（岡山弁）」みたいなことを20歳そこそこの大学2年生くらいのときに友人によく聞かされました（苦笑）。世界が違いましたね。

そうなるのも、やっぱり田舎には娯楽が少ないからということがひとつあると思います。近くのイオンで遊んでるイメージです。あとはラウンドワンですかね。ぼくの友人はだいたい毎週そこに行ってるなんて言ってました。そして、コンビニも含めてそのあたりでぐるぐる円環的に生活を送っているようなイメージです。

ちなみに、スマホは持っていても多数派はなぜかAndroid。SNSもまだミクシィ主流ですね。新しいつながりより、いままでの友達をすごく大事にしてる印象です。大都市圏には憧れがないわけではないけど、ディズニーとか原宿にはたまに遊びに行ければ十分なんだそうです。

そういえば2013年にヒットしたNHK朝の連続テレビ小説「あまちゃん」の中で『地元に帰ろう』という歌が歌われていたが、地元に残り、地元のつながりをとても重視している地元族がとても増えているみたいである。

そして彼らは、家に早く帰り、家族でテレビをよく見ている。

テレビ業界の友人もいくつか報告してくれた。

テレビ局も、調子のいい局は「年収300万円の人たち」にフォーカスしてます。

トレンディだったり総中流を狙ったりするのではなく、ヤンキー一家みたいなところにフォーカスしたことによって、視聴率がとれてきています。

番組のタイトルもこじゃれた感じにするのではなくて、分かりやす過ぎるくらいベタにすると、結構視聴率がとれる。

もはや、テレビを見るボリュームゾーンがヤンキー的な人たちになってきたということかと思います。

今、社会的な批評性がある番組や、文化的な価値のある番組が軒並みダメなのは、そういうのをちゃんと見る視聴者がいなくなってしまったということみたいです（彼らは、CSとか、スカパーとか、タイムシフト視聴したりするようになっています）。

なので、年収の高い&意識の高いホワイトカラー層やクリエーティブクラスの人たち、またはその家族に向けて、テレビはもはや作られていないと考えたほうが良いと思います。

その人たちには当然CMなんて効かない。でも、ヤンキーの人たちは、CMとか見てくれているわけです。実際、発泡酒とか、ソーシャルゲームとかはCMで売れています。

実際、ソーシャルゲーム業界の人に話を聞くと、テレビCMを流すとソーシャルゲームは売れる、とのことだ。

砂一時代ど真ん中のマーケターで、ソーシャルゲームとかニュースアプリとかがなぜCMを流すのか不思議がる人もいるが、マイルドヤンキーを始め、砂一時代以前の生活者はCMを見てそれらを買っているのである。

また、『ヤンキー経済』の本を読むと、渋谷から電車で20分のところに住むマイルドヤンキーの例が取り上げられていた。

都市の郊外が「地元」なマイルドヤンキーたちである。

そう、地方に限らないのだ。

都会でも一定数マイルドヤンキーや「砂一時代以前の生活者」がいる。

また、逆に、地方でも都市部には「砂一時代の生活者」がそれなりにいる。

都会、地方、と単純に分けられないところに、彼らを「伝えたい相手」とする場合のコミュニケーションの難しさがあるのである。


1000万人近くもいるかもしれないこういう層ですらちゃんと見てこなかった

マイルドヤンキーの話が予想以上に長くなってしまった。

もしかして、全体的に彼らを上から見ている感じに読めたら申し訳ない。

そんなことこれっぽっちも思っていないどころか、「マイルドヤンキー層って、リア充じゃん!」って思うくらいである。

家族と友人を愛し、地元で仲間たちと濃くつながり、ネットに頼らなくてもリアルでのコミュニケーションが充実していて、安価に遊べるショッピングモールやラウワンに集まり、家では無料のテレビ番組やゲームを楽しんでいる。

砂一時代の情報量に振り回されながらヒーヒー言って深夜残業している若手プランナー

たちより、ずっと豊かな日常に見える。

まぁ、この層についてはまだ研究が進みきっていないので、ここはさらっと通り過ぎたいと思う。

ただ、言いたいことは、1000万人近くもいるかもしれないこういう層ですら、コミュニケーション業界近辺の人たちは(ボクを含めて)ちゃんと見てこなかった、ということである。

そして、情報格差がこんなに広がってほとんど別人種のようになっているのに、プランニングも切り分けず、一元的なコミュニケーションを作ろうとしてきた人が多かった、ということである。

そこは反省して変えていかなければならないだろう。

今後、この情報格差がどういう風に展開していくのか、誰もわからない。

情報格差がこのままどんどん広がって国民の間に大きな分断が起こり、それに伴って経済格差とか地域格差とかもより広がっていくのか、それとも画期的に便利なテクノロジーが発明されて、ほとんどの人がそれを利用するようになって一気に垣根が取っ払われるのか、それもわからない。実はかなり深刻な問題だと思っているのだが、それを語る本ではないので、ここでは言及しない。

ただ、少なくともプランナーは、この二極化した生活者たちをもっときちんと見ないといけない。

そして、それぞれに最適化したプランニングをしなくてはいけない。

それは確かだ。

「砂一時代の人」と「砂一時代以前の人」とでは、プランニングを切り分けよう

第一章、第二章と、対照的な人たちを追ってきた。

「砂一時代の生活者」と「砂一時代以前の生活者」である。

ちなみに、ソーシャルゲームやＬＩＮＥなどもネットである。そういう意味で砂一時代以前の生活者もネットを利用してはいる。でもそこから大量の情報摂取はしていない。この本での論点は「情報環境」であり、ネットの使用・不使用ではない。「いやぁ彼らだってネットやっているし、シニア層でもやっている人増えてるし」という話ではなく、情報量の多寡で「砂一時代」と「砂一時代以前」を分けているので、ご注意いただきたいで。

砂一時代の生活者と、砂一時代以前の生活者にものすごい情報格差が生まれた、ということだ。

「砂一時代を生きる生活者」は情報が多すぎてもう受け取ってくれない。

ＳＮＳによる仲間ごとの増加や超成熟市場、メディアやツールの増加、エンタメ過剰などが相まって、もう「伝える」とか無理な圧倒的絶望状況から、コミュニケーション・プランニングを始めないといけない。

それに対して「砂一時代以前の生活者」に伝えたい場合、情報はまだそんなに多くない。

情報はまだ喜ばれていて、ちゃんと受け取ってくれる。ただ、ネットやＳＮＳはあまり使っていないし、マスメディアにはよく触れている。マイルドヤンキー層もこの辺だ（マイルドヤンキー層は新聞・雑誌をあまり読んでいないようだが）。

ここまで情報格差がすごいと、当然プランニングも違ってくる。

あなたが笑顔にしたい相手が「砂一時代の生活者」（主にアーリーアダプター）であれば、そこに最適化したプランを作らないといけないし、それが「砂一時代以前の生活者」（主にレイトマジョリティ）であれば、そのやり方は通用せず、まったく違うやり方をしないといけないだろう。

その辺をきちんと切り分けず、ごちゃ混ぜにしてプランニングしている人が多いのが現状だ。

たとえば、ありがちなプランニングとしてこういうのがある。

「テレビでインパクトが強いCMをやって、それをSNS上でバズらせよう」

こういうプランニングはあり得ないとまでは言わないし、ボクも過去に提案してきたこともあるが、砂一時代と砂一時代以前の情報環境を知ったいまではかなり懐疑的だ。

なぜなら、SNSをよくやっている砂一時代の生活者はあまりテレビを見ていない。CMに偶然出会う可能性は少ない。出会ったとしてもすぐスルーする。

第一、エンタメ過剰に晒されて、世界中から毎分毎秒のごとく超面白いエンタメが届くのだ。そんなに簡単にCMを面白いと思ってくれない。ましてやシェアもしてくれない。

一方、テレビをよく見ている砂一時代以前の生活者は、ネットからのエンタメにあまり触れていない分、わりとそのCMを面白がってくれるだろう。

が、彼らは肝心のネットやSNSをほとんどやっていない。だからSNSでのバズの起点になる可能性が薄い。というか、もともとレイトマジョリティでありラガードな人々だ。情報リテラシーが低めなのである。積極的にバズの起点になるタイプの人たちではないのである（注14）。

つまり、テレビCMを軸にSNSでバズを起こすのは、いろいろ仕掛けを作るなら別だが、そんなに簡単ではない。わりとハードルが高いことなのだ。

そのうえ、第三章以降でお話ししていくのでここでは理由を述べないが、「単なるバズは、認知はされても態度変容させない」のである。

購買が起こりにくいのだ（一部低関与商品を除く）。バズで露出を増やすのは、砂一時代の生活者にはあまり効果的ではないのである。

CMの最後によく入っている「ネットで検索！」みたいなのも構造は同じだ。検索を使っていない砂一時代以前の生活者は6000万〜7000万人くらいいそうなのである。一方、検索を駆使している砂一時代の生活者はCMになかなか出会わないし、なにしろ空気みたいに検索を使っている人たちだ、CMで「検索！」とか勧められるまでもない。気になったら好きなタイミングで検索するだろう。

注14　検索ホットワードやトレンドワードなどに、よくテレビで話題になった単語が上がってくることがある。これは一見、テレビを見た多くの砂一時代以前の生活者がその場で検索したようにも思えるが、必ずしもそうとは限らない。まず、テレビでの話題がなんらかの形でネットに流れ、それを見た「そのテレビを見ていないネット民」が検索しだし、友人知人に伝え、それがどんどん増幅した、と見るほうが自然だとボクは思う。もしくは「グレーゾーンにいる生活者」が多く関与しているかだ。砂一時代の生活者がテレビを見て検索する場合ももちろんある。彼らもテレビをまったく見ないわけではない。サッカーの試合などの生放送、好きなアーティストが出る歌番組、人気の高いドラマなどを見ながらSNSに書き込む人は多い。ただ、彼らはそういうコンテンツを選択的に見ているだけであり、だからって「砂一時代の生活者にもテレビは効く」とはならない。テレビCMに偶然出会うことは少ないし、興味関心ないことは速攻スルーするであろう。テレビ番組によっては彼らもちゃんと見ているよ、という程度である。

全体に、この辺のプランニング提案が安易すぎるとボクは思う。「砂一時代の生活者へのプランニング」と「砂一時代以前の生活者へのプランニング」は、きちんと切り分けないといけない。

混ぜるな危険。

安易に混ぜないように、気をつけたほうがいい。

ちなみに、砂一時代以前と砂一時代の間の「グレーゾーンにいる生活者」も、それなりの数いると思う。

ネットやSNSをまぁまぁ使っているけど、それほど情報摂取に積極的でなく、圧倒的な情報量には囲まれていない人たちである。

そういう生活者を狙って「混ぜたプランニング」をする手はなくはない。うまく行けば効果を発揮するかもしれない。

ただ、企業の大切な予算を使って、そういう手探りかつ当たるも八卦的な施策をするのはプロとしてどうかとは思う。少なくともボクはそんな不誠実な提案はできない。

グレーゾーンについては、今後の調査・研究を待ってから対策を考えたいと思う。

いま現在言えることは、砂一時代の生活者か、砂一時代以前の生活者かで切り分けてプランニングしないといけないということだ。

そうしないと、どちらの生活者も笑顔にしないプランニングになってしまう。

貴重な予算を無駄にしかねないのである。

マスメディアを安易に否定しないこと

テレビや新聞、雑誌、ラジオの凋落が語られて久しい。

たしかに往年のチカラは失ったように思える。

でも、国民全員に効いた神通力を失っただけで、特に「砂一時代以前の生活者」には、いまでもきっちり見られ、読まれている。

砂一時代以前の生活者は、前述したように、レイトマジョリティやラガードに含まれると言っていいと思うが、彼らは商品購入についてかなり「受け身」である。

消費意欲は旺盛かもしれないが、新商品にすぐ飛びつくアーリーアダプターではない。

そして、検索をほとんど使っていないことから考えて、新しい情報を能動的には摂取しない人々だ。

そういう生活者には、マスメディアが情報を寡占して「大衆」にトップダウンで伝え、世論や流行を作っていた「マスメディア全盛時代のやり方」がとてもフィットする。

特にテレビ。

80ページにテレビ関係者の言葉を紹介したが、テレビは今後、砂一時代の生活者ではなく、砂一時代以前の生活者にアプローチするための主要かつ大切なメディアになるだろう（砂一時代の生活者に向けてはネット配信など違う施策が必要だろう。そこを混ぜずに切り分けてプランニングすることがテレビ業界にも求められると思う）。

新聞はどうかというと、前述したようにマイルドヤンキー層は新聞をあまり読まない。ただ、砂一時代以前の生活者の中でも、高齢者やインテリ層は新聞を隅から隅まで読んでいる。

具体的に、みなさんの父母、祖父母や、教授・研究者をイメージしてみてほしい。彼らがスマホを見ている姿より、新聞を読んでいる姿のほうが容易に想像がつくだろうし、実際、特に高齢者においては新聞閲読率やネット普及率から考えて、ほとんどそういう情報環境にいるだろうと思われる。

そういう方々とコミュニケーションするためには、ネットもバズもいらない。新聞はとてもよく効くメディアである。

いや、何が言いたいかというと、マスメディアの終焉だとか、メディアの強弱だとかを安易に語らないほうがいいのではないか、ということだ。

あまりに安易にテレビや新聞を否定する人が多いが、伝えたい相手が砂一時代以前の場合、いまでも超強力なメディアなのである。

え？　雑誌やラジオはどうかって？

雑誌やラジオは、むしろ「砂一時代」によく効くメディアだと思う。

そう、ネットを日常的に使う生活者に対してである。

なに馬鹿なことを言ってるんだ、雑誌やラジオはネットに取って代わられるに決まってる！　と思われる方も多いかもしれない。

でも。

砂一時代のアプローチを次章以降で考えていくが、そのとき辿り着く「ファンベース」という大切な考え方に、実は雑誌やラジオはとても親和性が高いのである。

第三章　友人知人という最強メディア

――砂一時代という超アゲンストに打ち勝つ方法

伝わるわけがない情報〝砂の一粒〟時代（砂一《すないち》時代）、いったいどうすればいいのだろう

さて、いったん「砂一時代『以前』」は置いておいて、「砂一時代の生活者」に絞って話を進めたい。

第一章を思い出していただくために、再掲しよう。

- ・情報〝砂の一粒〟時代（あなたが伝えたい情報はもう見てもらえないしすぐ忘れられちゃう）
- ・仲間ごとの急激増（生活者の超関心事である友人知人の情報がめっちゃ増えた）
- ・超成熟市場（あなたが伝えたい商品・サービスの情報はすでにうざい）
- ・メディアやツールの激増（あなたが伝えたい情報をどこに出せば見てもらえるか見当もつかない）
- ・エンタメ過剰（日常に溢れる様々なエンタメや世界中から届く優良コンテンツが全部ライバル）

これが、砂一時代を生きる生活者の情報環境である。

圧倒的絶望だ。

普通なら「もう伝わるわけがないじゃん」と空を振り仰ぎ涙に暮れるところである。

とはいえ、「伝える仕事」に携わっている人は、こんな超アゲンスト状況下でも「伝わ

る方法」を見つけなければならない。伝えたい相手を笑顔にするための「解」を見つけなければならない。

果たして「解」はあるのだろうか。

ボクは、ひとつある、と思っている。

こんな状況でも、伝えたい相手の目に届き、笑顔にする「解」がひとつはある。

いやまぁ予算が超莫大だとか、日本中で話題になっているタレントを使うとか、他にも多少は目に届く方法はあり得る。

でも、普通の企業の、普通の予算状況の場合、きっと「解はひとつ」だ。

少なくともボクはひとつしか思いつかない。

それは何なのだろう。

実は、右に挙げた四角囲みにヒントが隠されている。

超アゲンストに打ち勝つたったひとつの「解」

ヒントはここだ。

・情報〝砂の一粒〟時代（あなたが伝えたい情報はもう見てもらえないしすぐ忘れられちゃう）

・**仲間ごとの急激増**（生活者の超関心事である友人知人の情報がめっちゃ増えた）
・超成熟市場（あなたが伝えたい商品・サービスの情報はすでにうざい）
・メディアやツールの激増（あなたが伝えたい情報をどこに出せば見てもらえるか見当もつかない）
・エンタメ過剰（日常に溢れる様々なエンタメや世界中から届く優良コンテンツが全部ライバル）

2つめの「仲間ごとの急激増」である。

そう、ここで書いているように、こんな時代でも友人知人の言葉や行動は「超関心事」なのである。砂一時代でもボクたちの興味関心を呼び、耳目に入ってくるのである。

友人知人があるイベントに参加してコメントしたら、普通だったらスルーする興味ないイベントでも「あいつ何に参加したんだろう」と目に留めるのである。

友人知人がある商品を買ってそれを褒めていたら、関心ない商品の情報でも「へー、そんな商品あるんだ」と認知するのである。

友人知人があるコンテンツを「これサイコー！」と評価してたら、普段だったら見ないであろう興味ないテーマの動画でも、なんとなく見てしまうのである。

情報が多すぎて伝えたい相手に届かないいまの超アゲンスト状況で、唯一の「解」は、仲間ごとにする、つまり「友人知人を介す」ということなのだ。

図6

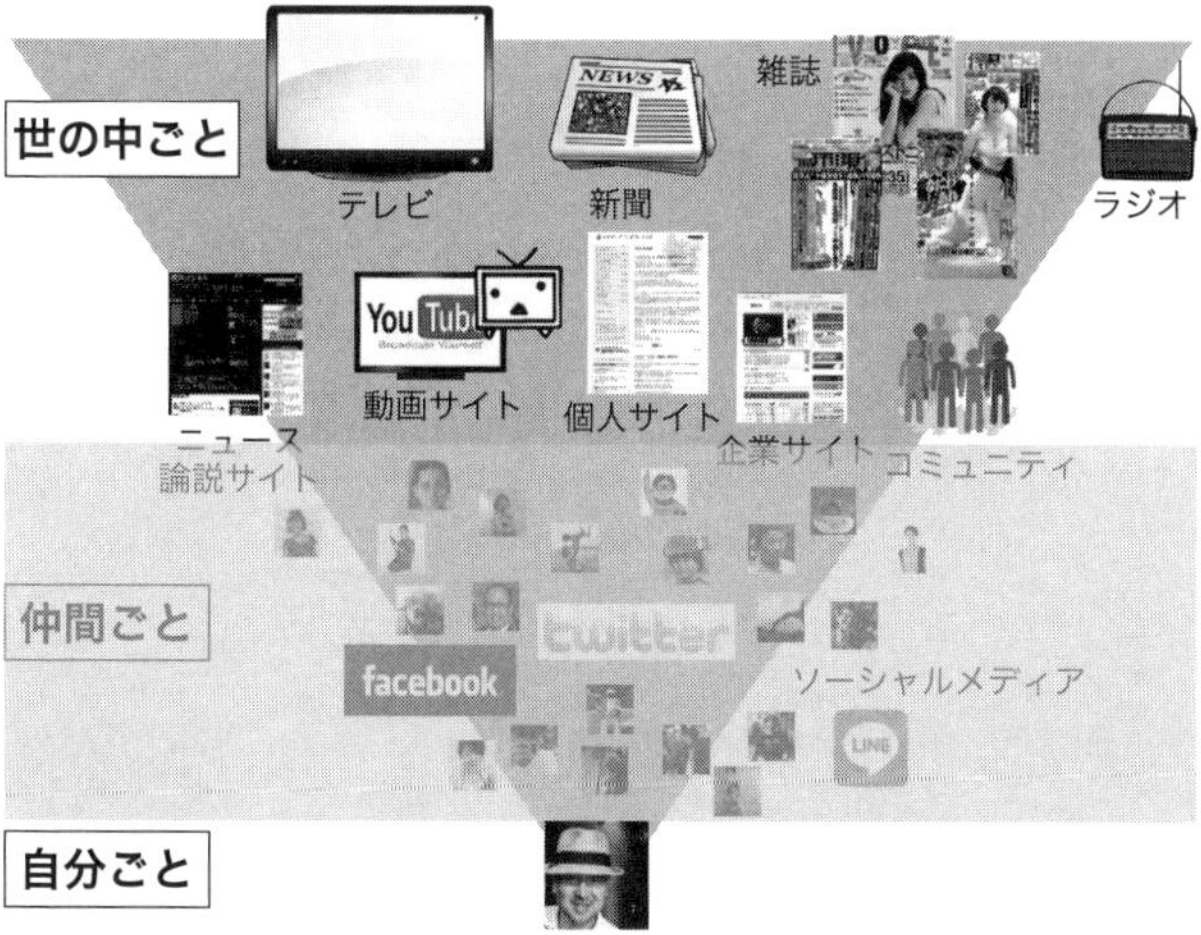

　これはデジタルやアナログ、バーチャルやリアルの区別はない。

　友人知人とつながっているすべての事象において言えることだ。

　ただ、特にSNS利用者は、友人知人の言動をそれで知ることが圧倒的に多いだろう。なにしろスマホなどで24時間友人知人とつながっているので、彼らの言動が目に入ってきやすいのである。しかも住んでいる場所などにもまったく影響されない。世界のどこにいても彼らの言動が届くのである。

　視覚的に見てみると、**図6**になる。

　このフィルターがかかっている部分が「仲間ごと」だ。視覚的にも「自分ごと」にとても近いのがわかる。

この部分で友人知人が「あなたが伝えたいこと」に言及してくれれば、その仲間である生活者に「仲間ごと」という超関心事として届くのである。

なぜなら、友人知人はいまや「最強メディア」だからだ。

友人知人という最強メディア

「友人知人が、メディア？」と、不思議に思う方もいるかもしれない。

メディアといえば普通テレビや新聞などを指したりする。でも友人知人は立派なメディアである。

Media とは Medium の複数形だ。ミディアムの原意は「中間」である。

そう、間にあるものがメディアなのである。

たとえば、古代において預言者はメディアだった。なぜなら、神と人間の間にいて情報を仲介したからである。たとえば、商品と自分の間にテレビがあったら（つまりテレビで商品を知ったら）テレビはメディアである。

同じように、情報と自分の間に「友人知人」がいたら、それもメディアなのである。

そして、いまや友人知人は「最強のメディア」なのである。

それはなぜか。

次の4つの理由があると思っている。

【信頼メディア】情報が多すぎると人は友人知人に頼る
【便利メディア】友人知人から自分に有益な情報が届く
【拡散メディア】友人知人への共感を伴って大きくすばやく拡散する
【常時メディア】スマホの普及に伴い、友人知人と24時間つながった

ひとつずつ、簡単にご説明していこう。

【信頼メディア】情報が多すぎると人は友人知人に頼る

ボクは、出張などで自分がくわしくない土地に行くとき、よくSNSで友人知人に投げかける。

「今度、鹿児島に行くんだけど、どっかひとりで入ってホッとできるような地元のいい居酒屋、知らない？」

そうすると、友人たちは寄ってたかっていろいろ教えてくれる。

自分の経験、自分の友人が言っていた情報、本で得た知識など、それぞれの観点から教

えてくれる。まぁ候補が増えちゃって迷いも出るが、数千以上あるであろう鹿児島の居酒屋が、あっという間に数店の候補に絞られる。

しかも、自分と価値観や環境が近い友人知人が勧めてくれた店である。自分の好みと合致している確率が高い。つまり、情報が溢れかえった世の中でも、当たる確率が高い情報なのである。

第一章で書いたように、砂一時代を生きる生活者にとって、情報は多すぎてすでにうざいものだ。

みんな「自分に有益な情報」や「自分に最適な商品」はいったいどこにあるのか、情報が多すぎて探せないし、面倒になっている。

「検索すればいいじゃん」って思う方もいるかもしれない。

でも、検索も、ここまで情報が多いとそんなに便利じゃない。

というか「自分にぴったりの情報」を探すには、すでに不便と言ってもいい。

たとえば、グーグルで「居酒屋　鹿児島」と入れて検索ボタンをポチると何が起こるか。

なんと１３４０万件の検索結果が出てくる（２０１5年3月現在）。

１３４０万件である。

もちろん、検索は日々進化していて、世間的に評価が高かったり人気があったりする居酒屋が、精度高く上のほうに表示されたりするだろう。

でも、そういう居酒屋にあなたが行きたいとは限らない。

たとえばボクだったら、チェーン店や有名店ではなく、おばあちゃんがひとりで長くやっているような、地元の小さくて渋い居酒屋で一杯飲みたい。でも、そういうのは上にはこない。

だったら検索ワードを増やせばいい。

よし、「居酒屋　鹿児島　おばあちゃん　古い」で検索してみよう。

……これでも437万件の結果が出てくる。

うーん、鹿児島じゃ範囲が広すぎるか。では、地域を天文館（鹿児島の繁華街）に絞って「居酒屋　鹿児島　天文館　おばあちゃん　古い」で検索だ！

……ようやく9880件まで絞れた。

でも、まだ9880件である。

9880件の天文館の古いおばあちゃん居酒屋記事である。

ざっと読むだけで夜が終わってしまうではないか！

しかも、検索結果の上のほうにお店広告系サイトも来ているし、長い個人ブログもある。そのブログ主が勧める居酒屋がボクの趣味に合うかどうか、長々読んでいかなければわからない。そんなこと数多くやってられるか！

「食べログ見ればいいじゃん」と思われるかもしれない。

でも、食べログは基本匿名で、レビューを書いている人が居酒屋経験が少ない学生なのか、40年近く居酒屋研究をしている猛者が書いているのか、しばらく読み進めないとわからない。

この砂一時代、そんな「いらない情報」をいくつも目に入れたくないのだ。長々そんな情報を読んでいる暇も余裕もないのだ。短時間で最適な答えに辿り着きたいのである。

そんなとき。

一番信頼できるのは、「あなたと価値観や環境が近い友人知人」である。

たとえばあなたが信頼する食べ好きの友人がいるとする。

その人はあなたの「文脈」を知っている。

あなたが何歳で、どういう人生を歩んできていて、好みはだいたいこうだ、と知っている。その友人ならきっと「あぁ〜、鹿児島だったら佐藤はあの居酒屋、好きなんじゃないかな。ご夫婦で静かにやってるあの店」とか勧めてくれる。

そこまで親しい友人じゃなくても、同年代の知人でもいい。

その人は同年代で、価値観や環境が近い。ボクがSNSで呼びかけると応えてくれる。

「佐藤さんも年齢的にそろそろ脂っこいものつらいよね？　鹿児島に詳しいわけじゃないけど、前に行ったあの店なら野菜中心で良かったよ。少なくとも私は好き」とか教えてくれる。

もちろん、鹿児島出身の友人も教えてくれるし、「本で見てみたんだけど、ここいらしいよー」と親切な友人が調べてくれたりもする。

情報が多すぎてうんざりするこの時代、そういう「あなたと価値観や環境が近い友人知人」が、自分の経験や知識を元に、あなたに合うであろう情報を教えてくれるのがどれだけありがたいか。そしてそれが情報の砂浜の中からむやみに砂粒を探すより、どれだけ便利で信頼できるか。

「グルメ番組とかグルメライターが勧める居酒屋は？　旅行本とかに出てる店は？」

グルメ番組や雑誌や本などを片っ端から見る時間があるならそれもよし。

でも、番組制作者やタレントや、雑誌編集者やグルメ評論家が勧める居酒屋が、必ずしもあなたの好みと合致するとは限らない。たとえば、おばあちゃんがひとりでやっているような古い居酒屋が、それらに紹介されている確率は非常に低い。

居酒屋だと例が特殊かもしれないから、商品にしてみよう。

たとえば、あなたがビタミンCのサプリメントを飲もうと思って探すとする。

グーグルで「ビタミンC　サプリメント」と入れて検索ボタンをポチると、73万800件の検索結果が出てくる。多すぎてわからないからアマゾンに行って検索してみると、アマゾンでも2387件の検索結果が表示される。うへーー！

しかも、検索結果を見ていると、ビタミンCにEやAまで含んだ商品やマルチビタミンまでも選択肢に入ってきて悩みは増える。メーカーによって製法や含有量や価格も違い、いよいよ迷う。レビューを読もうと思っても、たくさんありすぎて面倒だ。雑誌や本を探しても、タイアップ記事ばかりで客観的なレビューはほとんどない。

そういうとき頼りになるのはサプリメントにくわしい友人だ。

その友人は「私もいろいろビタミンC遍歴くりかえしたんだけどさ、結局X社の○○に辿り着いたわ」とか教えてくれるだろう。

そこまでくわしい友人がいなくても、ある友人が「私はね、△△を飲んでるよ。うん、調子いいよ」と教えてくれるだけで、ボクたちは大きく影響を受ける。これだけ選択肢が多い世の中だと、友人知人の言葉はそれだけ大きな指針になるのである。

データでも裏付けされている。

図7を見てもわかるように、ニールセンの調査によると、知人からのオススメを信頼すると答えた人は90％に上り、トップである。信頼できる情報源は圧倒的に友人知人なの

図7

信頼できる情報源は圧倒的に「友人知人」！

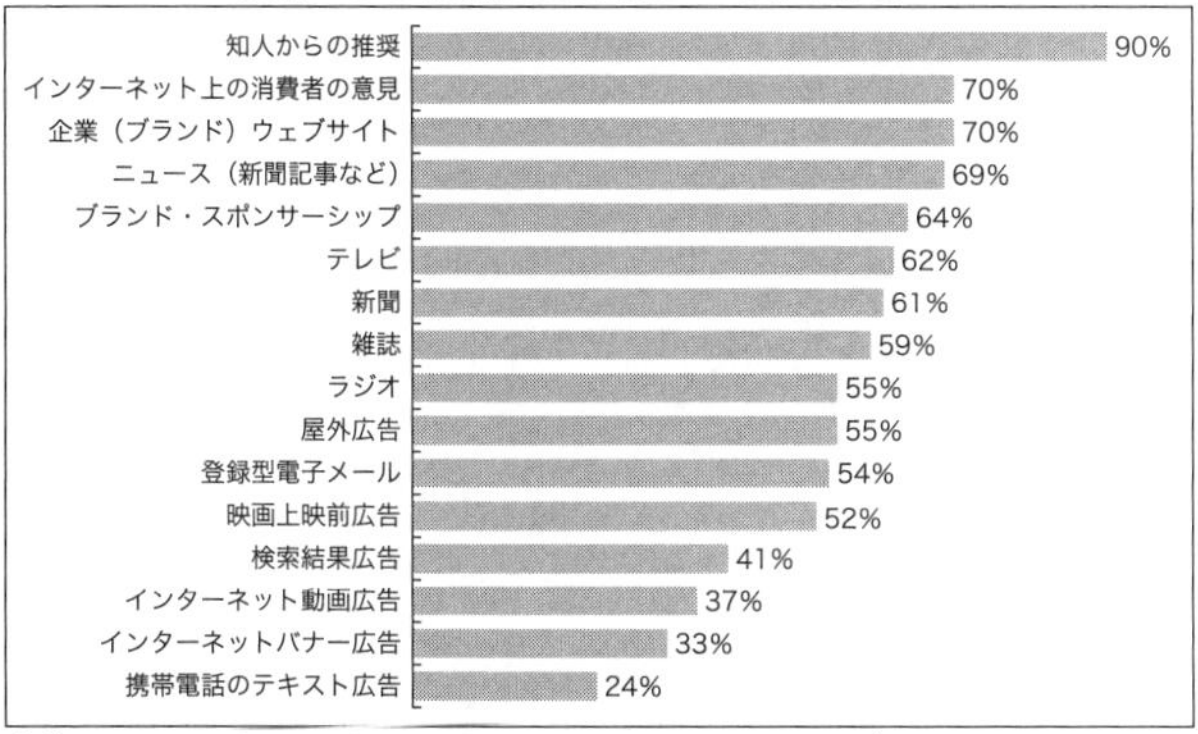

出典：Nielsen Global Online Consumer Survey、2009年4月

だ。

「えー？　私の友人、いい加減なヤツばっかで全然信頼できないなぁ」と思う方もいらっしゃるかもしれない。

でも、何歳くらいのどこの誰が書いているかわからないネット上の記事とか、自分と趣味が合うかどうかもわからない記者が書いている情報より、友人知人のほうが少なくとも「あなたと価値観や環境は近い」。つまり、あなたに合う情報である確率は高いはずである。

砂一時代、友人知人は「信頼」に足る大事なメディアなのである。

【便利メディア】友人知人から自分に有益な情報が届く

友人知人が最強メディアである理由の2つめ

図 8

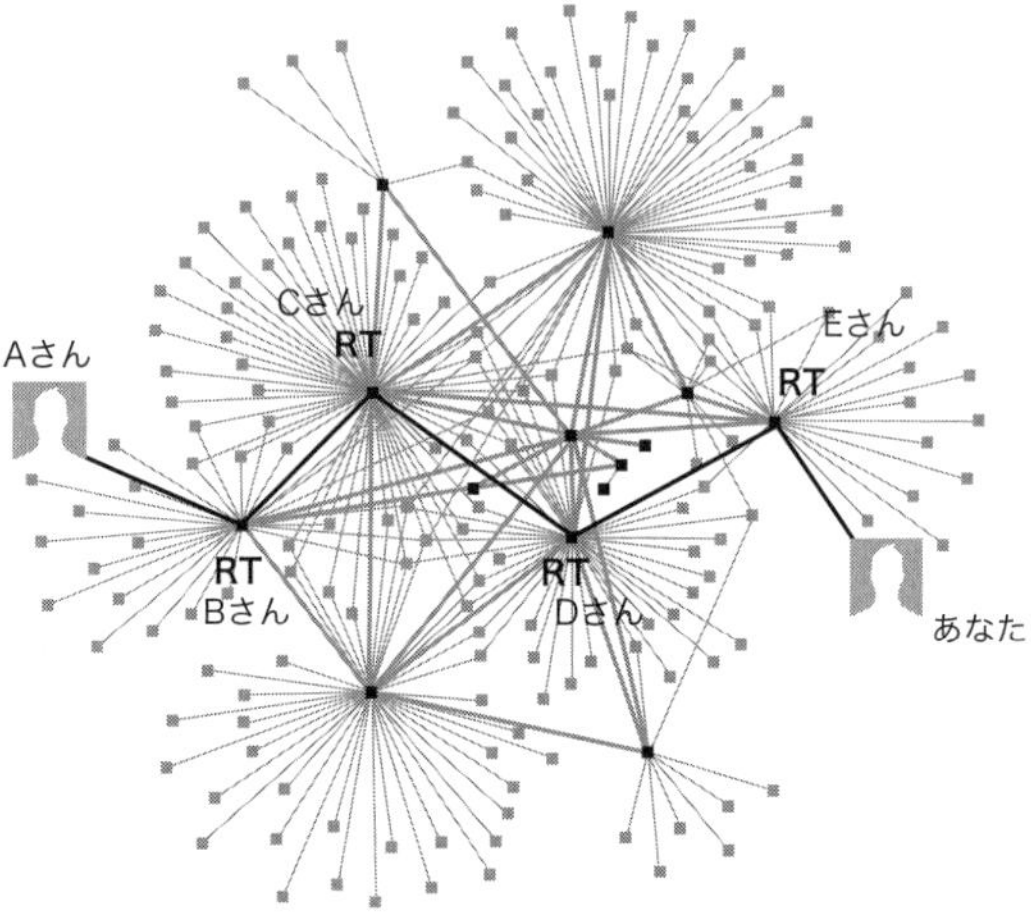

は「友人知人から有益な情報が届くから」である。

図8は『明日のコミュニケーション』にも載せた図だが、再掲する。

左端にいるAさんが、たとえばツイッターに投稿した。

彼のフォロワーのうちの一人が、それを面白いと思ってRTする。そのRTを読んだ人も共感してRTする。そのRTを誰かがまたRTする。

そうやってRTを繰り返し、そのツイートはあなたのところまで届いた、という図である。

これの意味は「あなたに有益である可能性がとても高い情報が向こうから勝手にあなたの元へとやってきた」ということ

だ。

それまでのネットは検索したりクリックしたりして自分から情報を取りにいくものであった。それがSNSの登場で、情報が勝手に向こうからやってくる側面が加わったのである。

あなたのところに届いた情報は、あなたの友人知人であるEさん（友人知人でなくても共感してフォローしたEさん）が残し「友人たちに教えてやろう」と思ってRTした情報だ。そしてEさんも、自分の友人知人、もしくはなんらかの共感があるDさんが残した情報を受け取ったのである。

つまり、自分と趣味嗜好や感性が近いであろう友人知人（もしくはフォローしてる人）が残した情報が勝手に向こうからやってきたことになる。そしてこれは「あなたに有益である可能性がとても高い情報」なのである。

この砂一時代で、自分にとって有益である可能性が高い情報が勝手にあちらからやってくるのがどれだけ便利か、という話である。

たとえばボクは、毎朝まずフェイスブックとツイッターをチェックする。

前の晩から今朝にかけて、友人知人が「仲間に教えてやろう」と思ってシェアしたりRTしたりしたニュースをまず読むのである。

趣味嗜好や感性、年齢などが近い彼らが残した情報はボクにとって有益である確率が高い。

たとえば、マスコミが決して取り上げないようなマニアックなロックグループの来日公演情報を彼らが「友人たちに教えてあげよう！」と共有してくれたりする。近い価値観をもった彼らがあらかじめニュースを荒選びしてくれているようなものなのだ。超便利である。

ちなみに、それを読んだあと、ボクは紙の新聞を読む。

紙の新聞は、紙面が限られたパッケージメディアだから、「世の中的に重要であろうニュースから順に見出しを大きくして優先順位をつけてくれている」のである。なので、世の中ごと的な優先順位をもってニュースを読むことができる。しかも、友人知人からは決して流れてこない大切なニュースがその中に入っていたりする。

友人知人が残したニュース（仲間ごと）と、新聞が優先順位をつけたニュース（世の中ごと）。

このふたつを朝の30分でざっと読むとだいたい世の中をキャッチアップできる。そして、疑問をもった記事については、検索してネット上の他の論説も読むことで思考の幅を広げることができるのだ。

閑話休題。

ともかく、友人知人というメディアが「超便利」であることはご理解いただけると思う。価値観や環境が近く共感できる存在である彼らが、ニュースや情報を厳選して残し、教えてくれるのである。砂一時代、こんなに便利なことはない。

砂粒の例えで言ったら、赤い砂粒にたまたま出会った友人が、それをわざわざ教えてくれるわけだ。

自分では出会えるはずもない情報に出会えるのである。


【拡散メディア】友人知人への共感を伴って大きくすばやく拡散する

ボクはブログという言葉がなかった20年前から個人サイトで発信を続けている(SNSに近況を書き込むようになってから更新頻度は減ったが)。

ブログは、それまでの「ホームページ」と違って、発信のハードルを非常に下げてくれたツールである。誰もが簡単に発信できるようになった。

とはいえ、それでもブログを書くのは大変だし面倒だ。

いざ発信しだしても、なかなか続かないものである。

だから、ブログ時代は、発信する人と受信する人がはっきり分かれていた。

ROM（リード・オンリー・メンバー）という言葉があったように、読むだけの人（受信者）がとても多かったのである。

それを変えたのが、SNSの普及である。

SNSの大きな特徴のひとつは、「誰もが簡単に発信者になれる」ということだ。

友人知人を相手とするのがSNSなので、コメントを投稿する（発信する）ハードルがもともと低いのもあるが、それに加えて、ワンクリックでできる「いいね！」も「シェア」も「RT」も友人知人たちに対する発信なのである。

友人知人が最強メディアである理由の3つめは「友人知人への共感を伴って大きくすばやく拡散するから」だ。

これは、特にSNSの話になる。

SNSは、ワンクリックで誰もが簡単に発信者になれるツールなのである。

いいね！もシェアもRTもワンクリックだ。

で、そのワンクリックは立派な発信なのである。つまり、あなたの「ソーシャルグラフ」に対して、あなたは自分が面白いと思ったこと、みんなに教えたいことを発信しているのである。

ソーシャルグラフ、という単語についてはもうご存じだと思うが、まぁざっくり「友人知人たち」と言って構わないと思う。

たとえばボクは、仕事仲間や飲み仲間、高校の友人、大学の友人、ボランティア仲間など、いろんな友人知人のつながりを持っていて、それらはボクを中心に相関図を描いている。そういう相関図・人脈図みたいなものをソーシャルグラフと思っていただくとイメージしやすいと思う。

で、あなたがたとえばフェイスブックで誰かの記事をシェアすると、あなたはフェイスブック上のソーシャルグラフに向かって、「これ、読んでみて！」と、その引用元の記事を発信したことになる。

もちろんあなた独自のコメントもつけられるが、基本的にワンクリックでそれができるので、発信のハードルが大幅に低くなったのだ。

いいね！もRTもワンクリックでポンッと発信できる。

つまり、いままで発信しなかったタイプの人も、全員、気軽に発信者になれるのがSNSなのである。

SNSは拡散力と影響力がけた違い

ちなみに、2010年のフェイスブック発表によると、ひとりあたりのソーシャルグラ

図 9

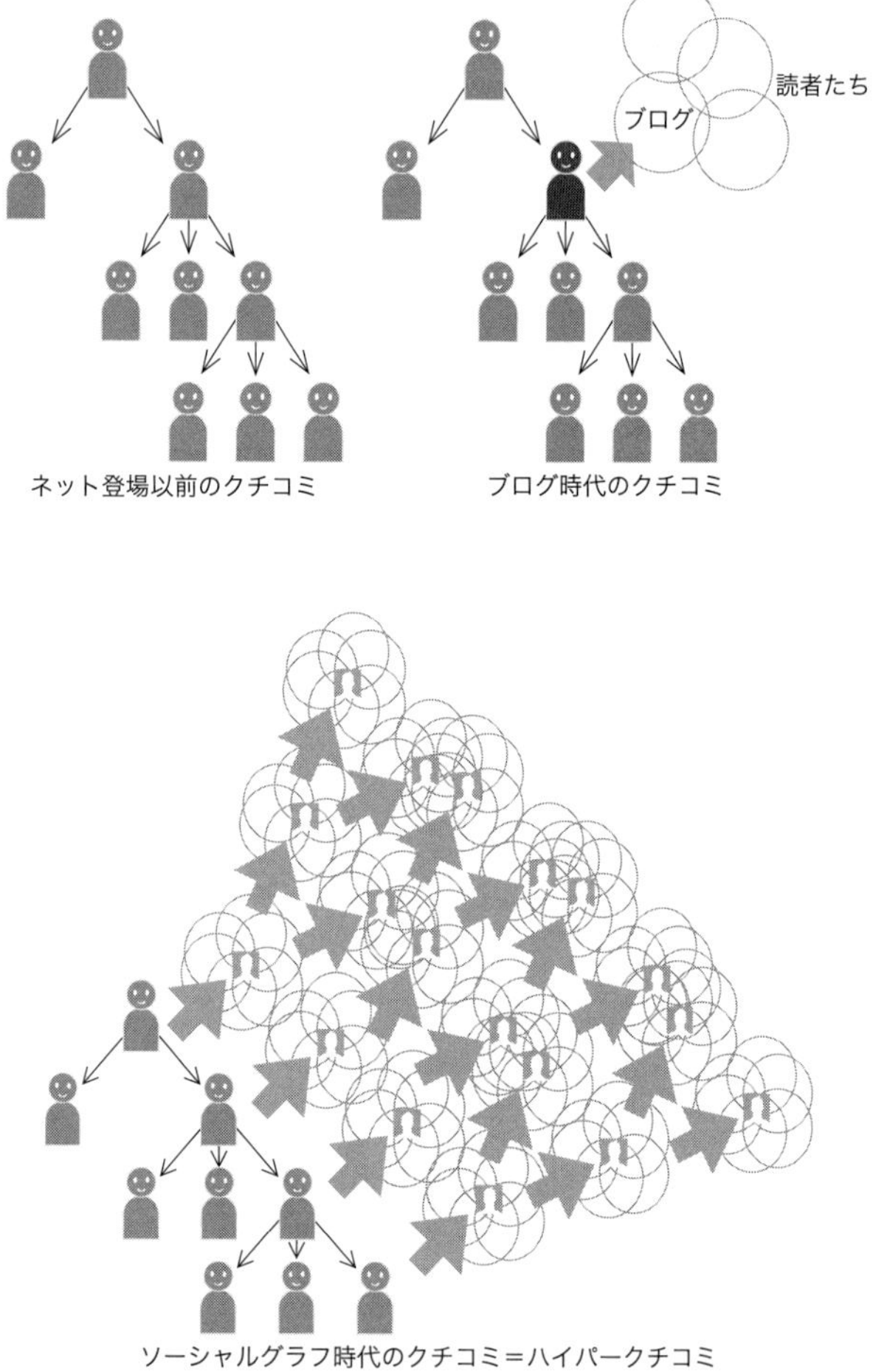
ブログ
読者たち
ネット登場以前のクチコミ
ブログ時代のクチコミ
ソーシャルグラフ時代のクチコミ＝ハイパークチコミ

フ（友人知人）は世界平均で１３０人と言われている（**注15**）。

あなたが気軽にＲＴした記事は、あなたのワンクリックにより、あなたの友人知人１３０人に発信されるわけだ。

その中のひとりがそれをまたＲＴしたとすると、それはその人の友人知人１３０人に発信されることになる。そうやって拡散していくのがソーシャルメディアの拡散の仕組みなのである。

この拡散力はいままでのクチコミをはるかに超えている。拙著『明日のコミュニケーション』では、これを「ハイパークチコミ」と名付けたくらいである。

図9を見てほしい。

ネット登場以前は、友人から友人へとのんびりとクチコミは広がっていった。

「鹿児島の居酒屋、あそこがいいよ」

注15　実は日本ではすこし少なく、２０１１年のフェイスナビの調査で１０８人となっている。ただし、この数字は友達数１０００人を超えるユーザーを除外しているので、それを含めると１３６人と世界平均に近くなる。

また、翌年の２０１２年のネオマーケティング社の調査だと、日本平均53人と激減している。これは「とりあえず登録だけしとこう」という一般ユーザーの急増が原因と考えられるらしいので、まぁ前年の結果から考えて、アクティブユーザーにおいては世界平均の１３０人くらいのソーシャルグラフを持っていると考えていいと思う。

「ふーん」

って感じで、リアルにゆっくり広がっていったのである。いわゆる「人の噂も75日」の時代で、そのくらい時間をかけて広がり、ゆっくり消えていったのがその時代のクチコミだったのである（注16）。

ネットが普及しブログ時代になると、図のように途中にブロガーが現れてブログを書き、友人知人以外の思ってもみなかった不特定多数に広がっていくことになる。

いままでのリアルな人からリアルな人へのクチコミと違って「ネットを通じて不特定多数にすばやく広がっていく」のが特徴だ。有益な情報であればあるほど、あっという間に広がる。なのでブロガーのクチコミ力は当時相当もてはやされた。ブロガーイベントとかが流行ったのはこのころだ。

特にその中でも影響力がある人（インフルエンサー）が書くと、一気に大きくすばやく広がった。それまではマスメディアが大きく広げていた情報が、インフルエンサーという一生活者への信頼と共感を伴って広がったのである。

だから、広告などでもクチコミが重要視されるようになり、インフルエンサーマーケティングという「インフルエンサーにアプローチして、何かを語ってもらう」という手法も当時流行ったのである。

で、そのころでも充分「クチコミすげー」と言われていたが、ＳＮＳのソーシャルグラフになるとその拡散力はけた違いになる。

たとえばボクが「鹿児島の居酒屋、あそこがいいよ」と友人にソーシャルメディア上で語りかけると、まず、それは、ボクのソーシャルグラフ（世界平均１３０人）に伝わる。

ボクが語りかけたその友人がそれをシェアすると、その友人のソーシャルグラフ（世界平均１３０人）に伝わる。そしてその１３０人のうちの数人がそれをシェアしたら、その数人×１３０人にワンクリックで広がっていく。

しかも、それは数秒から数分で広がるのである。

そして数分から数時間で消費される。

「人の噂も75分」というくらいなハイスピードでの拡散と収束なのである。

最近の例だと、２０１４年12月末に、ある新宿の居酒屋でぼったくられたという告発が

注16　よくＳＮＳ上のデマの拡散や風評被害をマスコミが否定的に取り上げるが、文字通り人の口を伝わって広がっていった時代のデマのほうがたちが悪いと思う。なにせ75日もデマが根強くとどまるのである。そのうえ「情報が少なかった時代」なので、みんなきっちり脳みそに刷り込む。なので、一度デマが広がると悲惨なものだったと思う。それにくらべてＳＮＳは拡散も早いが収束や自浄作用も早い。間違った情報だとそれを打ち消して回る人も多いのだ。しかも情報は砂の一粒で、みんなすぐ忘れてしまう。

そのレシート写真とともにツイッターでコメントされた。

そのツイートをした人のフォロワーは600人程度と別に特に多いわけではない。だが、そのツイートは瞬く間に数万数十万と広がり、たった3日後、告発された居酒屋は閉店に追い込まれた。

いい悪いは別にして、このような拡散力、そして影響力まであるのがSNSの力なのである。

ハイパークチコミと呼んだゆえんである。

拡散の核は少数でいい

でも、このことをご説明しても、かなりご高齢の会社のお偉いさんたちは納得しなかったりする。

「SNSの拡散力がすごいって言うけど、フェイスブックページにいいね！が1000人とか、ツイッターの公式アカウントのフォロワーが2000人とか、RTしてくれる人が100人とか、人数少なすぎだろ？　テレビとか、新聞で取り上げられたら、数十万、数百万に見てもらえるだろ？　1000人とかに伝わったからってまったく意味ないじゃん。お金かけて運営しても無駄じゃん。SNSとか効果ないよ」とかおっしゃる。

図10

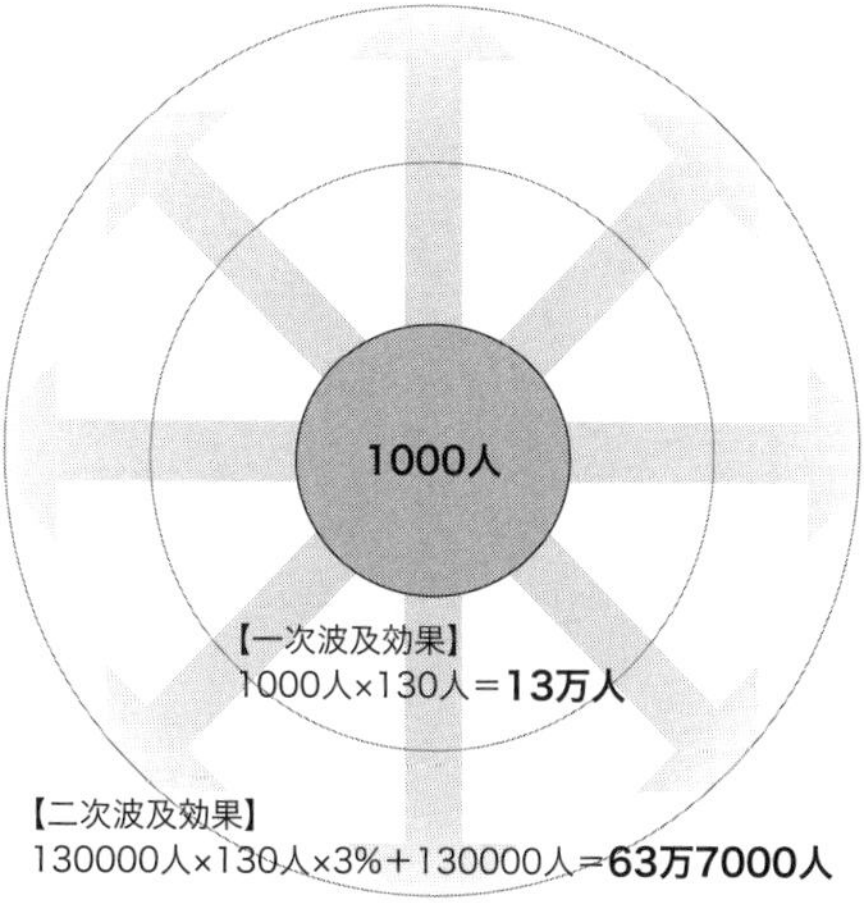

先輩、とんでもないことでございます。

1000人のいいね！とか100人のRTとか、少なそうに見えて充分強烈なのである。

というか、まず第一章を思い出してほしい。

情報をテレビや新聞で露出しても砂の一粒なのである。

2009年の段階で99・996％スルーされるのだ。

テレビや新聞に出せば数十万～数百万人に露出できるといっても、ほとんど届かない。

そんな生やさしい時代ではないのである。

で、次に**図10**を見てほしい。

たとえばあるイベントに行ったことを1000人が「○○のイベント、すんごい良かった」と、自分の言葉でツイッターに投稿したとする。

そう、数十万〜数百万人に比べると「たったの1000人」だ。

でも、その1000人にそれぞれ世界平均130人の友人知人がいるのである（**注17**）。

つまり、1000人が投稿した時点で、1000×130＝13万人にそのイベントの評判が届く。そして、その13万人全員がRTしたら、その13万人それぞれの130人の友人知人に届くのである。つまり1690万人だ。

まぁでも、全員がRTするなんてことはあり得ない。多くても5％とか言われている。なので、たとえば3％の人がRTしたとしよう。そうすると、計算上は（重複を無視して）、13万人×130人×3％＋13万人＝63万7000人にそのイベントの評判が届くのである。

ここまで数秒から数分。長くても数十分で辿り着くスピードだ。

で、その63万7000人のうちの3％がまたRTしてくれたとすると……と、広がっていくのだ。

しかも！

大切なのは、この情報は、先の項で述べたような「**信頼メディア**」**である友人知人の口を介している**ことである。

105ページの**図7**を思い出してほしい。一番信頼できる情報源は友人知人だ。しかも仲間ごとは砂一時代でも我々の関心事なのだ。耳目に入ってきやすいのである。

つまり、テレビや新聞と違って、一番信頼できる情報源からの情報が、仲間ごとという超関心事として届くのである。そうやって63万7000人に届くのと、数十万～数百万の人に「砂の一粒なうえに自分に関係ないうざいものとして届く」のと、どちらのほうがより良く伝わるだろうか。

だから、核は1000人でも充分なのである。

そして、これは次章以降の「ファンベース」の考え方につながっていくのだが、その少数の「核」が「ファン」として熱心に友人知人に伝えてくれれば、もっと強い共感を伴ってその情報は広がっていく。そして態度変容まで引き起こすのである。

伝わるか伝わらないかわからない数十万～数百万人に（しかも高い出稿料を払って）マスメディアで伝えるより、ずっと濃く、強く伝わるのである。

いや、1000人でなくてもいい。

核は100人でもいい。

注17　2012年4月のフェイスナビ調査によると、日本人ツイッターユーザーは、フォロー数、フォロワー数ともに平均約300人である。ここでは混乱を避けるために前述の130人で統一しているが、ツイッターに限れば拡散数はもっと多くなる。

さ、さすがに１００人？　と思うかもしれない。

でも、117ページの**図10**と同じように計算していくと、たった二階層で６万３７００人に信頼できる友人知人の口を介してイベントの評判が届くのである。

６万３７００と言えば、そこそこ売れてる雑誌や本でそのくらいの部数だ。それだけの人間に、友人知人を介して数秒から数分で伝わっていくのである。そしてそこから三階層、四階層とＲＴされていけばもっと大きく伝わっていくのである。

充分強烈ではないか。

ここからわかるのは「拡散の核は少数でいい」ということだ。

そして。

ちょっと想像していただければわかると思うが、その「核」である人々が「このイベント、最高にオススメ！」というように、熱心に友人知人に勧めてくれれば、その情報は友人知人の「熱意」を伴ってソーシャルグラフに拡散していき、「へー、そうなんだ。行ってみようかな」と、友人知人の行動までをも促す。

ものすごい影響力を持つのである。

ちなみに、ＬＩＮＥは仲間内に閉じたＳＮＳで、拡散力は強烈だが仲間内にとどまる。

また、フェイスブックの場合でも、公開範囲を友人のみにすると、知らない人のところまでは拡散しない。

このように、SNSツールによってそれぞれ少しずつ違いがあるが、ツールはしょせんツール。いま流行っているツールがいつ廃れるかも、いつ次の新メジャーツールが現れるかもわからない。あまりツールに思考依存せず、本質的な考え方だけ知っておいたほうがいいと思う。

ツールがどうなっても、友人知人というメディアの拡散力はとても強くすばやいのは変わらないのである。

【常時メディア】スマホの普及に伴い、友人知人と24時間つながった

4つめは「友人知人と24時間つながっている」という常時メディアの強みである。

まぁこれは特にご説明はいらないと思う。

様々な調査結果が出ているが、若者たちはそれこそ朝起きてから、移動中、トイレの中から入浴中、就寝直前のベッドの中まで、ずっとスマホを持ち歩き、SNSにつながっている（つまり友人知人とつながっている）。

ポケットに「仲間ごと」が常時届くのだ。

もちろんSNSだけでなく、携帯メールやショートメッセージや電話など、いろんなツールで「友人知人というメディア」とつながっている状態なわけである。

つながりが濃い分、それをうざいと思う場合もあるし、SNS疲れを指摘する人もいる。常につながっているからこそ、常にいじめられることも起こる。ネット依存や引きこもりの原因になることもある。

ただ、テレビや携帯電話が初めて登場したときも同じような危惧論が出回った。テレビは「一億総白痴化」と言われたし（by大宅壮一）、携帯電話も負の側面がいろいろ語られた。それどころか、その昔、馬車が発明されたときにも「馬車は速すぎて、人間の生理に合わない」という批判があったらしい。

ことほどさように、革新的なツールというものは世の抵抗を受けるものである。

つまり、いろいろ起こる問題も、ある程度時間が解決すると思う。

人類が新しいメジャーツールに慣れるまで多少の時間はかかるのだ。みんなそのうち使い慣れ、それぞれに適切な距離感を身につけるのだろうと思う。

友人知人という最強メディアを介すこと

ということで、まとめよう。

【信頼メディア】情報が多すぎると人は友人知人に頼る
【便利メディア】友人知人から自分に有益な情報が届く
【拡散メディア】友人知人への共感を伴って大きくすばやく拡散する
【常時メディア】スマホの普及に伴い、友人知人と24時間つながった

こんな強力なメディア、他にはない。

テレビも新聞も、ネットですら無理だ。

そう、いまや「友人知人は最強メディア」なのである。

で、この最強メディアを介して情報が伝わること、それこそが、「伝える仕事」に携わる人にとって超アゲンストな状況に打ち勝つただひとつの「解」だとボクは思うのである。

いままでは情報を伝えたい相手に直接伝えてきた。

マスメディアやネットなどで、情報を「直接的に」生活者に伝えてきた。

でも、第一章でしつこく書いたように、この砂一時代の生活者には、それではもうほとんど伝わらなくなってきている。情報は砂の一粒なのだ。情報になんか出会いようもない

図11

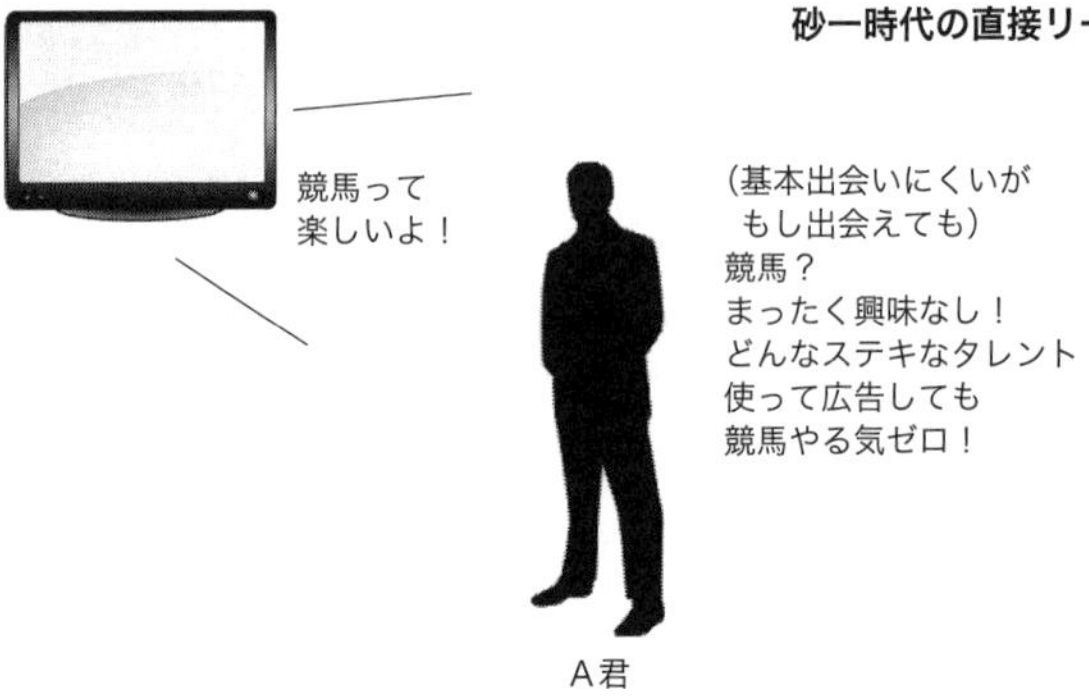

のである。

でも。

友人知人が「この砂粒、見てみてよ、これいいでしょう？」と見せてくれれば、友人知人の言葉には興味関心があるボクたちは、聞く耳を持つ。

つまり出会える、ということだ（その友人知人はいったいどこでその砂粒に出会うのか、ということについては第四章以降でくわしくお話しする）。

直接的に情報を手渡すのは、もうほとんど難しくなった。

友人知人を介して「間接的に」伝えないと伝わらない時代になった。と、そういうことである。

ちなみに、ＳＮＳの例をいろいろ出してきたが、別にＳＮＳ上だけでなく、リアルの友人知人関係もここに入る。より拡散し、常時つながっているのはＳＮＳだが、リアルなつながりもこの「友人知人メディア」

においては大切だ。

なので、「だからSNSが重要！」と言う気はさらさらない。

シンプルに「友人知人は（デジタル、アナログの区別なく）最強メディアである」と捉えてほしい。


競馬に興味関心がないA君に、直接リーチしてもスルーされるのがオチ

よりわかりやすいように絵にしてみよう。

まず**図11**である（注18）。

いままでの広告は「興味関心がない人を無理矢理振り向かせる技術」であった。

競馬に興味関心がない人に興味をもたせ、あわよくば競馬をやってもらおうと画策するのが広告だったのである。

なので、たとえばテレビCMで「競馬って楽しいよ！　競馬に行こうよ！」と素敵なタレントさんを使って訴えかける。

注18　例はなんでもいいのだが、この場合趣味嗜好性が強いもののほうがわかりやすいので、競馬を例にとってみた。ご自分なりに扱っている業態に合わせて当てはめてみてほしい。ただ、コンビニで数秒で購買を決めるタイプの商品とか、いわゆるコモディティ化（均質化）された商品は、この絵にはまりにくい部分がある。友人の勧めがなくても直感的に買ったりするからだ。

情報が少ない時代は、それを見て「へー」と心が動くことがよくあったのである。

でも、もうそうは簡単にはいかない。

競馬に興味関心がないA君は、そんなテレビCMを見ても、まったく心を動かされない。情報は多すぎて、興味関心ない情報はスルーするからである。

というか、そもそも情報それ自体が砂の一粒なので届かない。見てくれない。よしんば見てくれたとしてもスルーするということである。

この絵ではメディアをテレビにしているが、他のメディア、たとえばネットや雑誌で礼賛&推薦してあっても同じことだ。

いろんなメディアから情報を流しても、砂の一粒だからそもそも出会うことができないし、出会ったとしても基本スルーである。情報が多すぎていちいち自分に関係がない情報など受け取っている余裕がないのである。

つまり、情報を生活者に直接的に届けても、もう伝わらない。

この「情報を伝えたい相手に直接的に届けること」を「**直接リーチ**」という。

この本では混乱を避けるために「リーチ」という単語をここまで使ってこなかった。

これは「届く、達する」という意味の英単語だが、広告においてリーチは主に「広告到達率もしくは接触率」と呼ばれ、%で表されることが多い（ネット広告の場合ユニークユーザー数で表される）。広告がどのくらい届いたか、を測るのである。

でも、この本では「リーチ」の定義をより本質的に「情報が生活者に届く、見られる」と捉えて話を進めていきたいと思う。

で、そのリーチだが、もともと「リーチ」＝「直接リーチ」のことであった。

そう、テレビや新聞などを使って「直接的に情報を届ける」ことを主としたのである。だから広告マンはよく「（広告を生活者に）当てる」と言う。

これは、情報を生活者に直接ぶつけるイメージである。

メディアを組み合わせて露出（注19）を増やし、とにかく情報をそのターゲットに直接ぶつける回数を増やせば、ターゲットが認知し、興味を惹いて買ってくれる確率が上がる、という考え方である。

でも、くりかえしになるが、直接リーチを増やして「当てて」ももう伝わらない時代だ。

情報〝砂の一粒〟時代だもん、当たらないし、当たってもスルーなのだ。

注19　たとえばテレビCMを流すことは、テレビに露出する、ということになる。ネット広告も掲出すると露出だ。このようにメディアに掲出すること（見てくれるかどうかは別にしてとにかく多く流して認知を得ようとすること）を「露出する」と広告業界では言う。

直接リーチから間接リーチへ

ところが。

A君が「え？　競馬？　へ〜」と興味を持つ方法がひとつだけある。

図12のように、友人Z君が競馬の魅力について彼の言葉で話をすることだ。

それはリアルでもSNSでもかまわない。

「あのさ、オレ、この前初めて競馬に行ったんだよ。そしたらまぁ面白いのもあるけど、意外とキレイなわけ。芝生とか。馬とか。というか、馬ってホント美しいんだな。いやオレも賭け事そんなに興味ないいんだけど、馬が走る美しい姿を間近で見てちょっと感動したわ。どう、今度の日曜、一緒に行ってみない？」みたいなことを口にする。

そうすると、競馬なんかまったく興味関心なかったA君の気持ちが動く。

テレビでお金かけたCMをやっていようが、有名人が競馬に凝っていようが、最近人気の競走馬がいようが全然興味が湧かなかった競馬に対して、「へ〜」とちょっと興味が湧く。A君の興味範囲に入ってきたのだ。

そして、長いつきあいのこいつが言うんだからきっとそうなんだろうな、とか思ったりする。まぁ確かにこれだけ多くの人が競馬に通うんだからなんか魅力があるんだろうなぁ

図 12

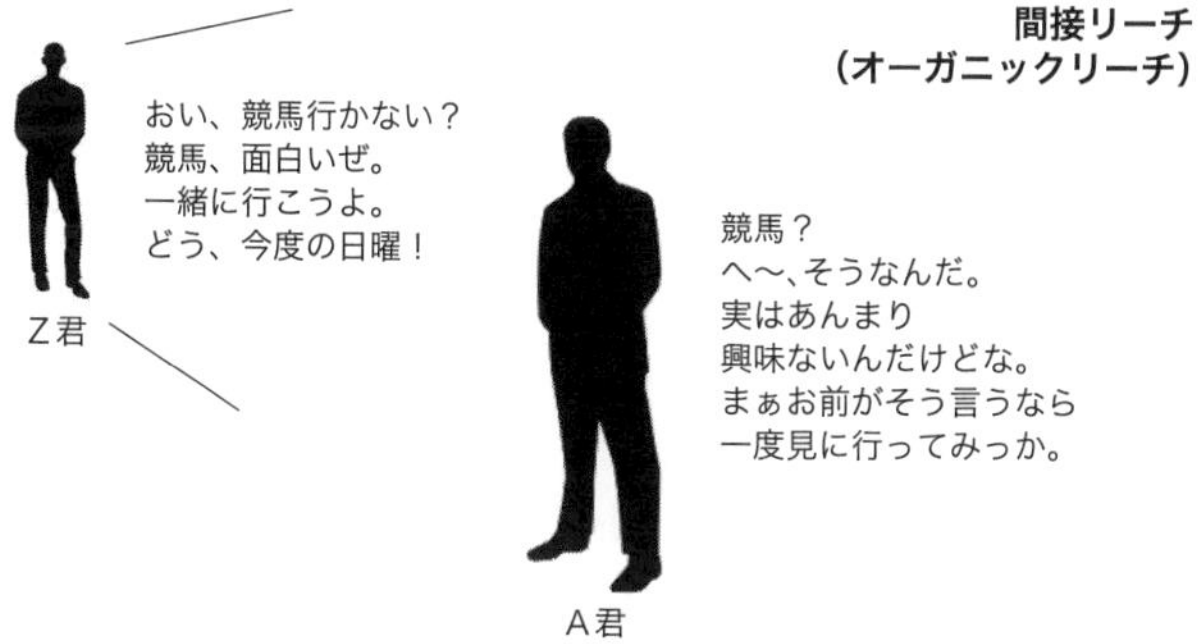

と心が動く。いままで偏見もってたけど今日はちょっといいこと聞いたかも、と、ちょっとうれしくなったりする。

つまり「伝わる」。

これが「友人知人を介す」力である。

信頼メディアである友人知人の言葉の力なのである。

そして、この「人を介して情報がリーチすること」を**「間接リーチ」**と呼ぶ。

何でもスルーする砂一時代の生活者に情報を伝えて笑顔になってもらう、唯一と言ってもいい方法なのである。

「情報への共感」ではなく、「友人知人への共感」が耳目を開かせた

さて、ここで大切なことがある。

特に送り手側が勘違いしがちなことだ。

それは、**A君は決して競馬に共感したのではない**、ということだ。

A君は、競馬にではなく、Z君という友人に共感したのだ。友人のストーリーに共感したのである。だから競馬について聞く耳をもったのである。

ボクたちはすぐ勘違いする。

伝えたい商品情報がバズったりすると、「商品が共感をもたれた！」と喜んでしまう。

でも、それはぬか喜びだ。

RTやいいね！をしてきた友人知人に対して、その人は共感したのである。

なので、単に競馬コンテンツがシェアやRTされて流れてきても心は動かされない。

逆に言うと、「その情報自体」に興味関心をもたれたいのであれば、普通の間接リーチだけではダメなのだ。

図13を見てもらいたい。

違う友人のX君がSNS上で競馬動画を「シェア」した。「この動画サイコー！」というコメントつきで。

友人から回ってきたオススメ動画だ。

友人知人の情報はこんな時代でもボクたちの超関心事である。

だから、動画自体は見るだろう。

図13

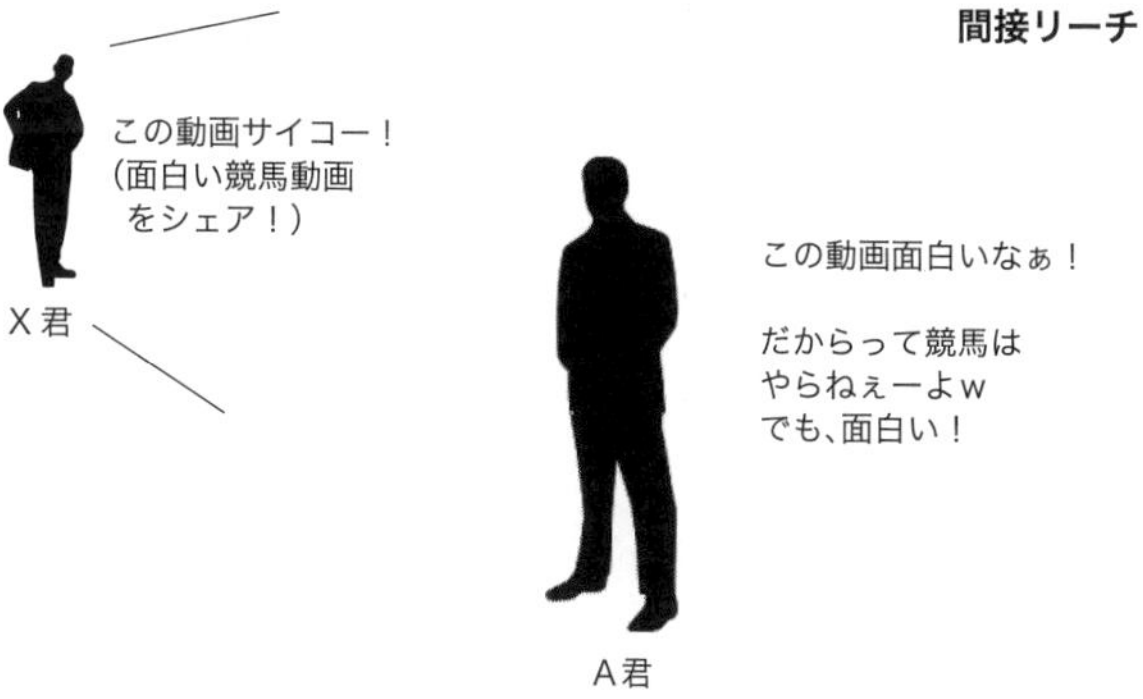

つまり間接リーチは成功したわけだ。こんな砂一時代の情報環境下でも、A君の目に入ったのである。認知したのである。これはスゴイことだ。

でも。

競馬自体への興味は増えない。

「競馬？　動画は面白いけど、だからって競馬はやらねぇーよw」とスルーするだろう。

なぜなら、A君はもともと競馬に興味関心がないからである。

興味関心がない情報をいちいち受け止めている余裕など、砂一時代にはないのである。

商品もエンタメも溢れかえっているこの世の中で、「以前みたいには認知は効かない」のだ。

心を動かして態度変容にまで至るのはオーガニックリーチ

いったい、129ページの**図12**と131ページの**図13**の違いは何なのだろう。

両方とも間接リーチである。

友人知人を介して伝わってきた情報なので、受けとったのである。

でも**図12**でA君は「長いつきあいのこいつが言うんだからきっとそうなんだろうな、まぁ確かにこれだけの人が競馬に通うんだから魅力があるんだろうな」と心が動いた。

これは友人知人の「オーガニックな言葉」だったからである。

オーガニックとは、いわゆる「オーガニック食品」からわかるように「自然な」という意味である。ここでは「友人の本音の言葉、自然な言葉」みたいなニュアンスで使っている。つまり、誰からも頼まれていない（お金をもらっていない）、強制もされていない「心からの言葉」である。

そういう友人知人からの本音の言葉、自然な言葉、心からの言葉を、この本では「**オーガニックリーチ**」と呼ぶことにする（**注20**）。

「伝える仕事」にとって超アゲンスト状況であるいま、興味関心がない相手に情報を届けるには、こういうオーガニックリーチが必要なのである。

要するに「伝える仕事」に携わっている人が今後しないといけないことは、**図12**のZ君のように、**友人知人にオーガニックな言葉を語ってもらうこと**なのだ（**注21**）。

ということで、次章は「オーガニックな言葉を語ってもらうためにはどうすればいいか」について考えてみたい。

注20 余談になるが、オーガニックリーチというと狭義にはフェイスブックのタイムラインに流れてきた投稿のうち、オーガニックなものを指す。ネット専門プランニング会社の方はその意味で使うことが多い。でも、ここではより一般的に使うことにする。

注21 このような友人知人の話になると、普通ＢｔｏＣの話に思われることが多いとは思うが、実はＢｔｏＢにも効くのである。なぜなら同じビジネス分野の人同士、いまやＳＮＳなどでつながっていることが多く、そこで「あのシステム会社はいいよ」などと友人知人を介して情報が広がったりするからである。
ちなみに、友人知人が進んでオーガニックに話さない商品もある。たとえばカツラとかは、あまり人に「おまえもやってみたら？」とか勧めないものである。機能性化粧品などもあまり人に言いたくないかもしれない。そういう場合は「砂一時代以前の生活者」に的を絞るか、そんな状況でもオーガニックリーチをしてくれる生活者を探すことになる。たとえばカツラなら奥さんがダンナに勧めることは充分にあり得る。そういうオーガニックリーチをしてもらうために、奥さんにアプローチするというのもひとつの戦略である。

第四章　ファンベースとマスベース

——砂一時代と砂一時代以前でプランニングを切り分ける

最強メディアである友人知人を介して「伝える」ために

さて、「情報〝砂の一粒〟時代（砂一《すないち》時代）」の生活者に伝えることがどれだけ過酷かは第一章・第三章としつこく書いてきた。

そして、この過酷な状況の中で伝えたい相手に伝えるためには「最強メディアである友人知人を介す」必要があることもご理解いただけたと思う。

この章では、より効果的に「最強メディアである友人知人を介す」ために、もう一歩踏み込んでみたい。

それが「ファンベース」という考え方である。

「伝える仕事」に携わる人の目的は、「伝えたい相手を笑顔にすること」だ。

生活者の課題を解決する商品やサービスを知ってもらい、使ってもらうために、情報をなんとか伝えて、相手を笑顔にしたい。

つまり、認知してもらう（知ってもらう）だけでなく、態度変容してもらう（いままで興味関心がなかった人やライバル商品を使っていた人に使ってもらう）ところまで当然踏み込みたい（注22）。

では、砂一時代の生活者が態度変容を起こし、興味関心がなかった商品に手を伸ばすきっかけとなるのはどういうときだろう。

それが第三章のラストでご説明した、友人知人からの「オーガニックな言葉」である。

友人知人が本音で伝えてくれるもの。

これいいよ、と、生の声で教えてくれるもの。

それこそが、過酷な砂一時代の生活者において、態度変容を促すのである。

ただ、生活者なんて、そう簡単に企業や商品についてオーガニックな言葉を言ってくれるわけではない。

いや、むしろ、めったに言ってくれない。

というか、ほぼ言ってくれない。

だってそうだよね。そこらに溢れている自分に関係ない商品のこととか、なんの義理があって言及しないといけないのか。

注22　そのためには伝えたいものが生活者の役に立つ優れた商品やサービスである、ということが前提となる。でも、誇りをもって伝えられない商品やサービスがあるのも確か。そういう商品の担当になった場合、組織に属する人は判断に困るだろう。たとえばボクはタバコが大の苦手だが、タバコの販促をする立場にならざるを得ないことも広告会社に属すると出てくる。ボクはその辺から自由になりたいこともあって独立したが、今後、ＳＮＳ的な「組織に属していようが属していなかろうが個人の趣味嗜好が漏れ出てしまうメディア」がもっと普及していくと、透明性は増し、そういう不一致はどんどんバレていくだろう。

特に「言ってもらおう」「バズらせよう」というような意図や媚びが匂うと、情報リテラシーが高い人ほど警戒し、口を閉ざす。

様々な手練手管を使ってクチコミを謀るプランナーも多いが、それはだいたい見透かされているものである。

ツイートしてくれたらサービスします的な企画もたまにあり、まんまとツイートしてしまう生活者も意外といるが、そのツイートをした人の友人知人は「ははん、広告だな」と見抜き、白けてスルーする。露出は増えるかもしれないが、効いていない。それどころか、最悪の場合その企業やそのツイートをした人自身の信用にも関わる場合があるくらいである。

そのくらい砂一時代の生活者、特にアーリーアダプターや情報リテラシーが高い人は情報にうんざりしているし、無駄な情報を憎んでいたりするのである。

つまり、興味関心がない商品やサービスについて、テクニックを弄してオーガニックな言葉を言ってもらうなんて無理、ということである。

では、いったいどうすればいいのだろう。

「ファンベース」という大切な考え方

もう一度、129ページの**図12**を見てほしい。

いったいどうすれば、このZ君が言っていたようなオススメの言葉を、友人知人に言ってもらえるだろう。

あなたがZ君だったらどうか、想像してみてほしい。

競馬に興味がなかったらもちろん言わない。友人知人になんか伝えない。

競馬にちょっと興味があるくらいでも、なかなか言わない。言う理由も機会もない。

でも、競馬が大好きなら（もしくは大好きになったら）、友人知人に語りたくなる。

馬の素晴らしさ、美しさ、レースの興奮、血統の不思議などを、一緒に飲みに行った居酒屋などで力説したくなる。一緒にいる喫茶店とかで語りたくなる。SNSで競馬や馬の話題になったときにちょっと言いたくなる。「競馬っていいよねー」という軽い言葉から、「いや、賭け事だって白い目で見るけどさあ、あれって人生の縮図そのものなんだよ！」みたいな力説、「な！　今度一緒に行こうぜ！」みたいな踏み込んだ発言まで、思わずしてしまうかもしれない。

また、たまたま事前期待を大幅に上回った場合も、友人知人に伝えたくなる。

何の期待もせず競馬に連れていかれ、そこで大幅に期待を上回る面白さや美しさ、感動などに出会うと、人は誰かに言いたくなるものである。「ねぇ、知ってる知ってる？」

と、自分の発見を言いふらしたくなるものだ（注23）。

競馬の例が特殊すぎるなら、お酒でもファッションブランドでもカメラでもいい。

自分が本当に好きなもの。

愛しているブランド。

期待を大幅に上回った体験。

自分が新たに発見した魅力。

こういうものは、友人知人に伝えて、その気持ちを共有したくなる。

友人知人にも知っておいてほしくなる。

自分の言葉で（つまりオーガニックな言葉で）、彼ら彼女らに伝えて、想いを分かち合いたくなるのである。

たとえばボクは孫正義という経営者に一方的に恩義がある（お会いしたことはないが）。彼がいなければ、日本のインターネットはこんなに前進しなかった。彼が人生をなげうって大きな賭けに出なければ、闘ってくれなければ、ブロードバンドもネットの接続料金もきっと進化しなかった。いまでも日本は三流のネット環境にいただろう。

だから、誰に頼まれてもいないのに、孫さんと知り合いでもないのに、彼が経営する会社をボクは応援していて、「ボクは携帯はソフトバンクしか使わない。どんなに他社がいいものを出しても浮気はしない」と、折に触れてSNSなどで公言している。今後、彼や彼の会社がスキャンダルに巻き込まれたりしても（犯罪的なことは別にして）たぶんボクは擁護に回るであろう（**注24**）。

なんでそんなことをするかというと、友人知人とその想いを共有したいからである。そんな想いをもつと、人は友人知人にオーガニックに語るのだ。

すごくいい商品を見つけたり、すばらしく美味しいものに出会ったりしたときも、誰かに言いたくなる。すばらしいサービスに出会っても誰かに言いたくなる。

そこに多少の自慢も入るかもしれない。自己顕示欲やリア充アピールも入るかもしれない。でも基本は友人知人に対する共有欲だ。

もちろん性格もある。

内向的だったり、あまり自分の好きなものに自信がなかったりして、友人知人と積極的

注23 逆に、期待を大幅に下回った場合、つまりものすごくガッカリした場合なども言いふらしたくなる。「あの商品、最悪！」とか友人知人に伝えたくなる。そういうネガもあっという間に広がるのがSNSの怖いところだが、それを忌み嫌うのではなく、企業はそれを傾聴し受け止めたほうがいいと思う。愉快犯もいないではないが、だいたいは何かしらの事前期待を裏切っている。そこに必ず商品開発のヒントが隠されているはずだ。

注24 念のためだけど、ソフトバンクを仕事として担当してないし、担当したこともない。オーガニックな言葉として言っています。

に共有しない人もいる。

ただ、そういう性格の人でも、なんでも話せるような気楽な友人だったり家族だったりには「このまえこんな商品を買ってね、そしたらね……」みたいに話したりする。

それこそが、貴重なオーガニックな言葉なのである。

そうすると、友人や家族は、広告やメディアからの情報とは一線を画す「その人からの共感かつ信頼できる言葉」としてその言葉を受け取り、誰か他の友人知人とシェアしたくなったり、自分も使ってみたく（買ってみたく）なったりする。

それは情報も商品も溢れかえっている砂一時代において、とてもとても貴重なことなのである。

そして、そういう言葉を発してくれる人は大人数でなくていい。

第三章の116ページあたりで書いたように「拡散の核は少数でいい」のである。

そういう「核」となる人々。

友人知人にオーガニックな言葉で伝えてくれる「核」となる人々。

それが「ファン」なのである。

日本で「ファン」というと、アイドルのファンみたいにキャーキャーするほど好きな人たちというイメージで使う場合も多いけど、この本では「興味関心をもっている人たち」

くらいの緩い感じから、会う人会う人みなにオススメしてしまうくらいのエバンジェリスト（伝道者）まで、広く「ファン」と呼ぶことにする。

そういうファンたちは、あなたが伝えたい企業や商品やサービスを彼らの友人知人にオーガニックな言葉で伝えてくれる大切な存在なのだ。

しつこいくらいくりかえすが（**注25**）、情報が多すぎる砂一時代の生活者は、ほとんどの情報をスルーする。

でも、友人知人の言葉だけは耳目に入ってくる。

その中でも、熱心にその情報を勧めてくれるファンからのオーガニックな言葉は、態度変容すら促すのである。

で。

そういう「ファン」とのコミュニケーションをプランニングすることを「ファンベース」と言う。

注25 ボクはラボとか塾とか、自分主宰の勉強会をいくつか持っているが、そこで課題を出してきた経験上、「砂一時代の生活者は情報が多すぎてもう伝わらないから友人知人を介すのだ」と何度伝えても、情報が少なかった時代のアプローチでプランニングしてしまう人が後を絶たないことを知っている。そのくらい情報が少なく広告がよく伝わった時代の成功体験は強烈なのである。なのでこの本ではこの後もしつこくこの辺はくりかえす。くどくてすみません。

ファンベース。

日本ではまだ耳慣れない言葉かもしれないが、アメリカではすでによく使われている。別にアメリカが偉いとは思わないが、この考え方は、砂一時代の生活者に伝えるにあたって、今後とっても大切になると思う。

砂一時代以前を生きる生活者は「マスベース」

砂一時代を生きる生活者は「ファンベース」でプランニングする。

では、第二章で書いた、砂一時代「以前」はどうなのだろう。

砂一時代以前は、マスメディア中心の「マスベース」プランニングが十二分に機能するのである。

この辺、砂一時代に生きる大都会のマーケターたちや情報リテラシーが高い人たちがわりと軽視している部分なのだが、砂一時代以前の生活者にはマスメディアでの直接リーチがいまでもとても効くのだ。

ネット系論者やネット企業の人たちから半ばバカにされるような言われ方をしているテレビＣＭも砂一時代以前の生活者にはとても効いているし、彼らはＣＭを見て商品を買っているのである。

単に「自分がＣＭ見てないから」「興味関心ない情報はうざいから」「マス広告で商品買うとかあり得ないから」と、自分に当てはめて考えていてはいけない。実際には（第二章で書いたように）砂一時代以前の情報環境にいる生活者が国民の半分くらいいるのが日本なのである。

では、そういう「砂一時代以前の生活者」のポイントは何か。

それは「情報がまだ少ない」ということである。

ネットを日常的に利用していないので、ネット上で大洪水を起こしている情報量とは関係ないところで生きているのだ。

情報がまだ少ないから、情報を喜んでくれるのだ。

メディアから流れてくる様々な新商品情報も、広告も、わりと受け取ってくれるのである。それらは大切な情報源なのだ。

この辺のことは俯瞰したほうがわかりやすいので図で説明したい。

次ページ**図14の左側**を見てほしい。

２００５年以前、つまり砂一時代に突入する以前は、いま書いたように、情報はとても喜ばれるものだった。

情報はまだ溢れかえっておらず、みな新しい情報や適切な情報を求めていたのである。

図 14

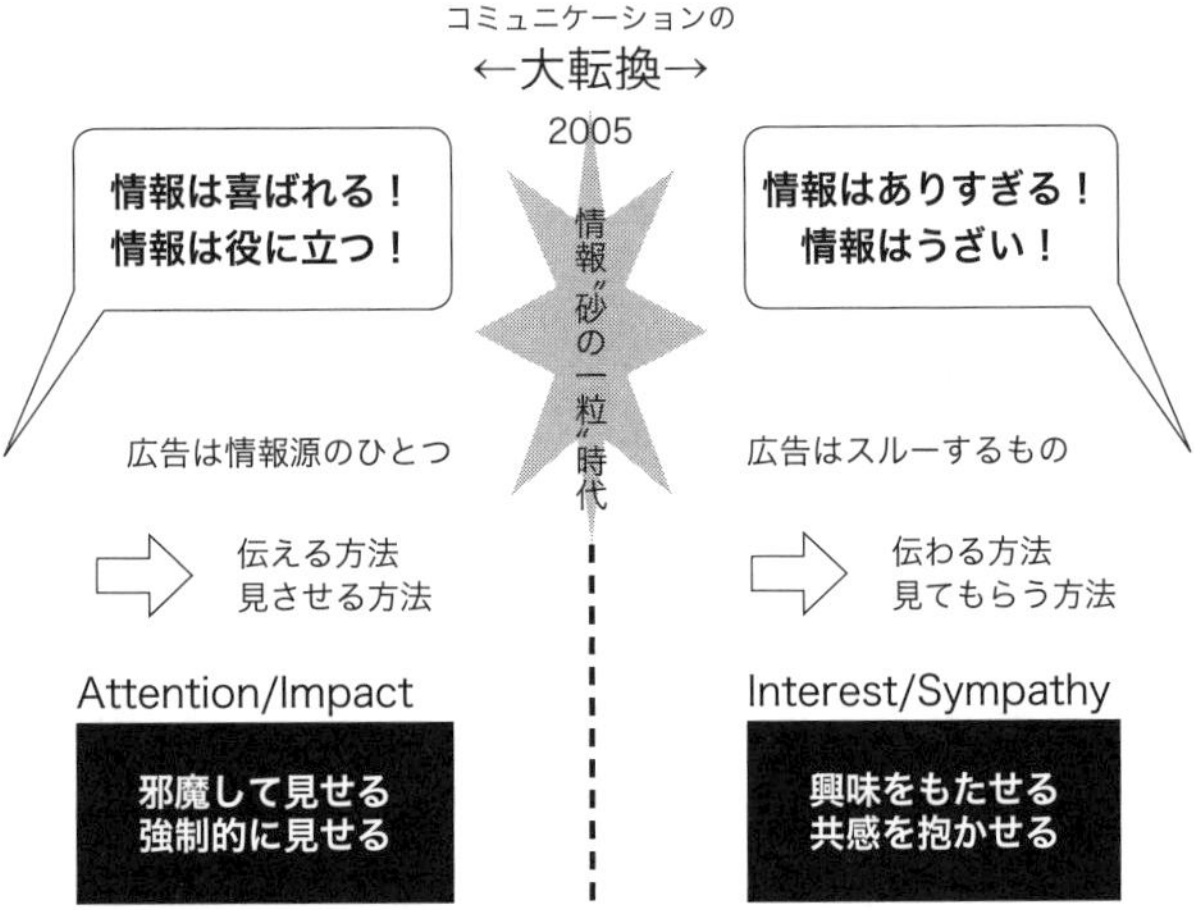

で、広告も重要な情報源のひとつだった。

　商品の特徴をコンパクトに教えてくれるだけでなく、新商品発売情報とか、キャンペーン情報とか、企業イメージを伝える情報とか、それぞれ重要な情報源として機能していたのである。

　なので、その生活者がその商品に興味関心がなくても、どうにかして広告を見せさえすればその情報は相手に届く可能性が高かったのである。なぜなら情報は喜ばれるものだったからだ。

　この「どうにかして広告を見せさえすれば」というところが**図14**でいう「邪魔して見せる、強制的に見せる」という部分である。

そう、広告とは邪魔をして強制的に見せるものだったのだ。邪魔をして強制的に見せることによって興味関心がない生活者をも無理矢理振り向かせ、情報を届けるものだったのである。

たとえばあなたはテレビドラマを見ている。すごく面白いドラマで、熱中して見ている。

で、そのドラマがかなり盛り上がった瞬間に、パッとCMに切り替わる。CMがドラマとは関係のない音楽とナレーションでいきなりあなたの前に暴力的に現れるのだ。

なんであなたは怒らないのだろう。

そりゃ「もうそういう形態に慣れてしまった」「民放で受信料払わず見てるんだからCMも仕方ない」ということもあるかもしれない。

でも考えたらとても失礼かつ暴力的なやり方なのだ。

でも、ボクたちは怒らなかった。

なぜなら情報が少ない時代、「CMという情報もまた喜ばれたから」である。

もちろんCMはトイレタイムと呼ばれていた。忌み嫌う人も多かった。

でも、CMがなければ知らなかった商品情報はとても多く、情報や商品が喜ばれた時代は「最新情報入手」の場でもあったのだ。そして、手を替え品を替え工夫する広告クリエイターたちの努力もあり（特に広告全盛の１９８０〜90年代は）ひとつのエンタメとして成立もしていたのである。

そう、２００５年以前は情報は喜ばれるものだったから、ちょっと失礼かつ暴力的なやり方であっても、あなたはその情報を受け止めていたのである。

新聞広告も雑誌広告もそうだ。

あなたは広告を見たくて新聞や雑誌を見ているのではなく、記事を読もうと思ってそれらを見ている。

で、ページをめくると、思いもかけず広告がドーンと現れる。

これも「邪魔をして強制的に見せる」という手法なのである。

だからこそ「インパクトが大事」と言われた。

目立たないといけない。驚かせないといけない。

インパクト強く目立って、生活者の邪魔をして、注意（アテンション）を喚起しないといけなかったのである。

だから広告マンは二言目には「インパクト」を口にする。

「この広告、インパクトないなぁ」「もっとインパクトあるコピーが必要だよね」とか口にする。制作物でもメディアプランでも、ひたすら目立って驚かす方法を模索し続けてきたのである。

それがマス広告の基本的な考え方であり、砂一時代以前の「マスベース」でも基本になるものだ。

砂一時代と砂一時代以前とでは、完全にアプローチが違う

2005年以前は、情報は喜ばれ役に立つものだった。

だから、邪魔だろうが強制的だろうが、とにかく情報を生活者に届けさえすれば、興味関心なくても、生活者は比較的受けとってくれた。

その情報で「笑顔」になってくれていたのである。

しかし、2005年以降はガラリと変わる。

情報〝砂の一粒〟時代に突入していくからだ。

146ページ**図14の右側**を見てほしい。

砂一時代に突入し、情報はもうありすぎてうざいものとなった。

興味関心がない情報なんていらないものの最たるものゆえ、生活者は基本スルーする。

広告は特にうざい。

生活者の気持ちを考えず、邪魔したり強制したりしてくる。

生活者に関係のないタイミングで関係ない商品を大声で勧めてきたりする（たとえばお腹がすいていないのに、ハンバーガーのＣＭが流れてくるとか）。

うざすぎて笑える。

「インパクトが強い広告（以前で言うと『よくできた広告』）」は、目立ってしまうだけに特にうざく、怒りの対象にすらなり得る。

そう、インパクトはもういらないのである。逆効果なのだ。

興味関心や共感を抱いてもらわないとすべて（ある種の怒りまで抱かせて）スルーされてしまうのだ。

その興味関心や共感を抱いてもらう方法が「友人知人を介す」という方法なのである。

インパクトが大切だった時代の終焉、である。

間違えちゃいけないのは、インパクトが終焉したのは、砂一時代の話である。

あなたが砂一時代の生活者に何かを伝えたいと思っていて、いまだに「インパクト」という単語を口にするなら、それは相当まずいと思ったほうがいい。

ただ、**図14**の左側、いまでも２００５年以前の状況にある砂一時代「以前」の生活者にはまだまだインパクトは大切なのである。

ことほどさように全然違うのである。

図 15

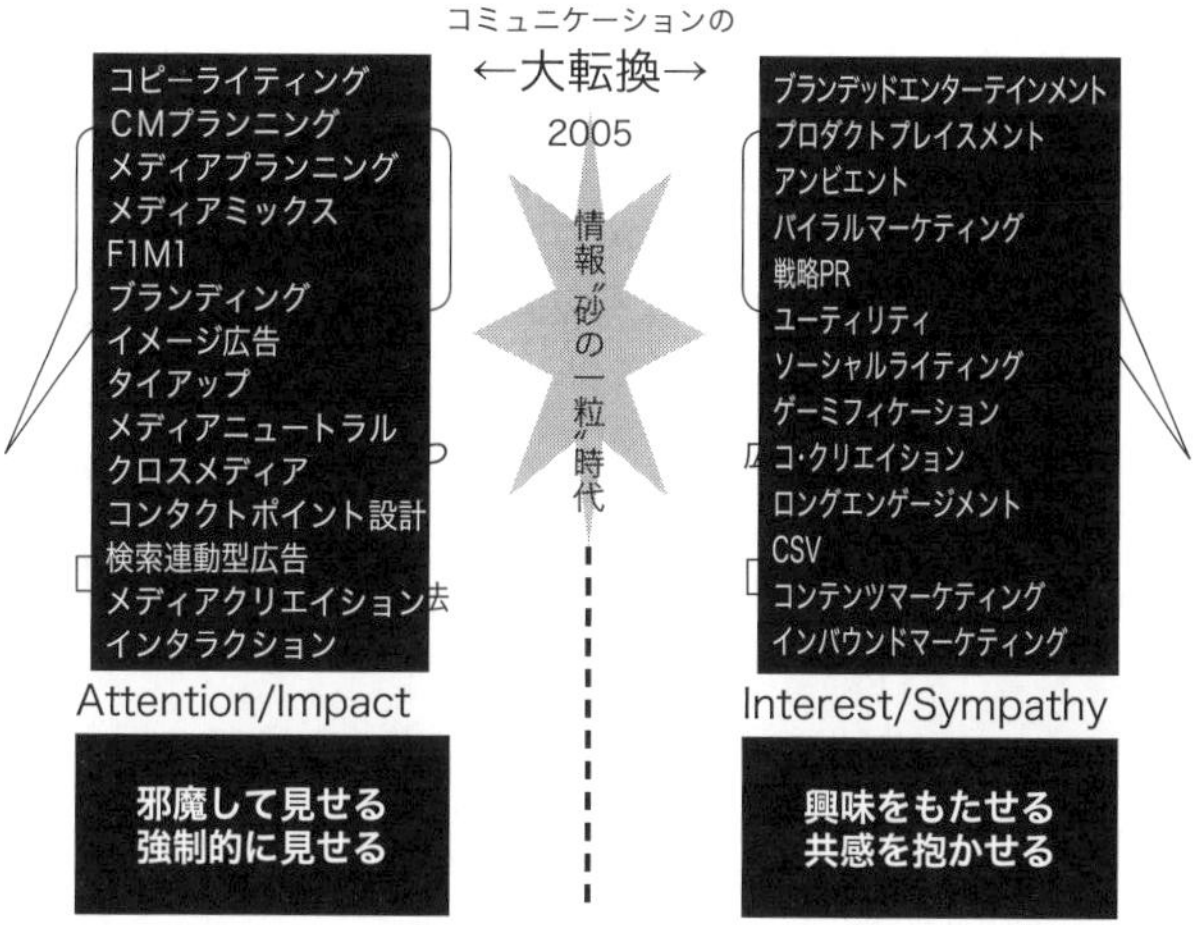

だから、**砂一時代と砂一時代以前とでプランニングを明確に切り分けないといけない。**

図14の左側はアテンションとインパクトが大事。

図14の右側はインタレストとシンパシー、つまり、興味関心と共感が大事。

完全にアプローチが違うのである。

そういうこともあって、広告を彩る様々な手法は、2005年を境に「邪魔して強制的に見せる手法」と「興味・共感を抱かせる手法」に分かれる。

その辺のことをまとめ、**図14**に上書きしたのが**図15**だ。

図15の左側、2005年以前は、アテンションとインパクトが大切だったから、そ

れに呼応した手法やテクニックが発達した。

ひとつひとつの単語は説明しないが、ある程度お馴染みの手法が並んでいるのではないだろうか。

コピーライティング、CMプランニング（注26）、メディアプランニング、メディアミックス、F1M1、ブランディング、イメージ広告、タイアップ、メディアニュートラル、クロスメディア、コンタクトポイント設計、検索連動型広告（注27）、メディアアクリエイション、インタラクションなど、すべて、なんとか生活者を邪魔して、興味関心ない人にも強制的に情報を届けようとする手法なのである。

特に、メディアニュートラルやコンタクトポイント設計など、一時代を築いた基本的な考え方は、あらゆるメディアを使って360度、丁寧に生活者を待ち伏せし、邪魔するものである。ほぼ砂一時代以前に最適化されている。

これが2005年以降は、興味・共感を抱かせる手法へと変わっていく。

ブランデッドエンターテインメント、プロダクトプレイスメント、アンビエント、バイラルマーケティング、戦略PR、ユーティリティ、ソーシャルライティング、ゲーミフィケーション、コ・クリエイション、ロングエンゲージメント、CSV、コンテンツマーケティング、インバウンドマーケティングなど、いろんなアプローチを乱暴にここに含ませているが、大きく括ると、興味関心や共感を抱いてもらう、もしくは興味関心や共感がある人に伝えるための手法群なのである（注28）。

カタカナがたくさん並んで申し訳なかったが、手法やテクニックの名称なんてまったく大切じゃないので、興味ない人は通り過ぎてくださって結構だ。

つまり何が言いたいかというと、ほとんどの手法やテクニックは、２００５年を境に分けて考えることができるということ。

それぞれにアテンションとインパクトを目指した手法と、インタレストとシンパシーを目指した手法とに分かれる、ということだ。

注26　よくできた広告クリエイティブはインパクト狙いであってもそこに共感もちゃんと含まれている。優れたクリエイターはそこを無意識にわかっていて両立させていることが多い。ただ、インパクトだけを重視したコピーライティングやCMプランニングなどもとても多い。ちなみにコピーライティングやCMプランニングなどは時代に合わせて進化しているし砂一時代でも職業的に成立しているが、そろそろ呼び方を変えないと（ソーシャルライティングとか動画クリエイティブとか）、砂一時代への対応が遅れるのではないかと思ったのであえて載せている。

注27　検索連動型広告がなぜこちらに入っているかについては２７１ページの注39参照。ちなみに日本ではグーグル・アドワーズが２００２年にサービスを開始した。

注28　まだ評価が定まらないものも含めていろいろごちゃっと入れ込んであり、これが入ってる入ってないなどの異論もあると思われるが、手法の移り変わりを示すのが主眼であるので、ご了解いただきたい。

そしてこの**図15**は、左側を砂一時代以前の生活者、右側を砂一時代の生活者と見ることができる。

左と右では全然違うのだから、きちんと切り分けてプランニングすることが大切だ。ファンベースとマスベースは基本的に分けて考えるべきなのである。

そういう意味において、マスベースでは「いままで苦労して開発してきた様々な手法が使える」ということになる。とかく「レガシー（前時代的な、の意）」と言われがちな4マス中心のプランニングも、『明日の広告』で書いたような360度待ち伏せる（狭義の）コミュニケーション・デザインも、『明日のコミュニケーション』で書いたようなSIPSモデル的なアプローチも、すべて捨てる必要などなく、砂一時代以前の生活者には〝有効〟なのである（SIPSは砂一時代にも有効であるが）。

5年周期でコミュニケーションの世界は変化している

ついでなので、もっと俯瞰してコミュニケーションの流れを見てみたい。

156ページからの見開き、**図16**を見てほしい。

マスメディア中心のマスマーケティングから、マンメディア（友人知人という最強メディア）中心のマンマーケティングへの大きな流れを書いてみた。

こうして俯瞰して見るとおもしろいことがわかる。

結果論的ではあるがコミュニケーションの世界は5年ごとに大きな変化が起こっているのだ（多少の誤差は無視させてもらった）。

1995年までの数十年は4マス全盛で、そんなに大きな動きはなかったのが、1995年からはたった5年周期で目まぐるしく変化している。

あらためて「変化の時代」に生きているのだなぁと思う。

の大きな流れ

起きている

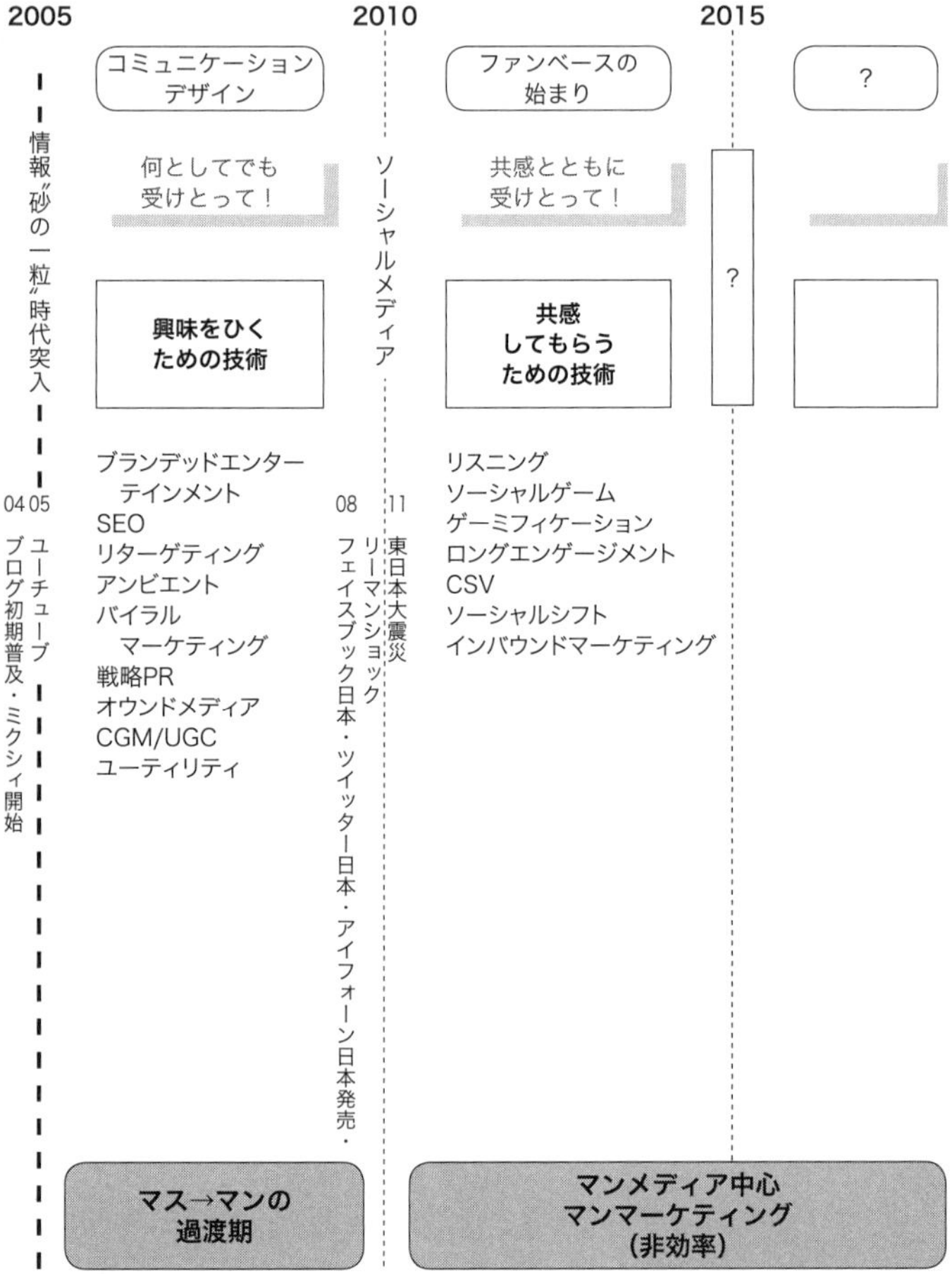

図16

コミュニケーション

5年ごとに変化が

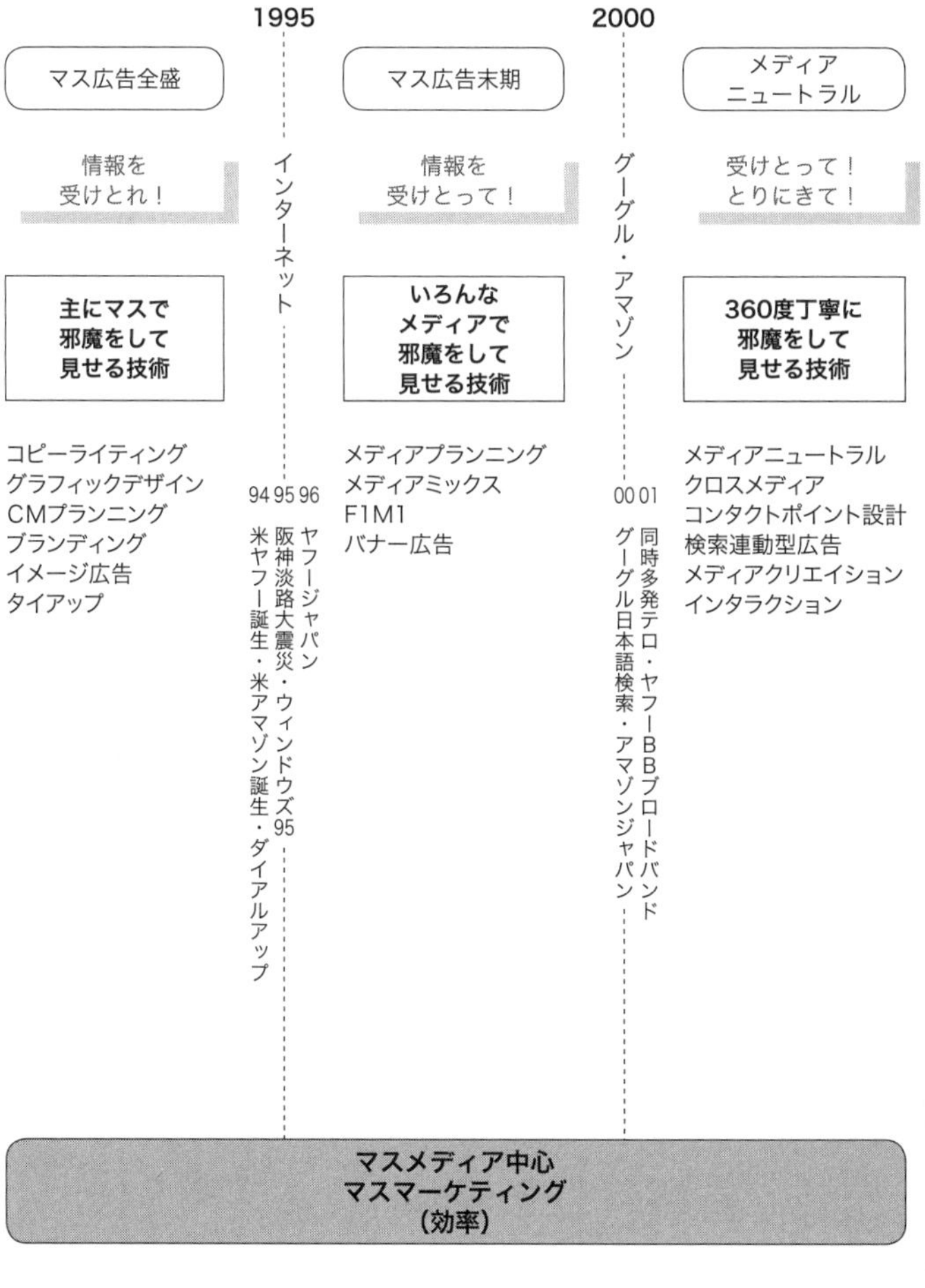

・1995年
インターネット時代の始まり

2年前の1993年に日本で一般向けのインターネット・サービス・プロバイダが登場したが、一般的に普及しだしたのは、ウィンドウズ95が発売になったこの年あたりだろう。ネットの普及により、個人が限りなくタダに近いカタチで世界に情報発信できるようになった。これは有史以来初めてのことである（ボクが個人サイトを始めたのもこの年）。ただし、この生活者の情報発信が意味を持ち始めるのは、実は5年後のグーグル日本デビューまで待たないといけない。

・2000年
検索時代の始まり

この年、グーグルの日本語検索が始まった。これにより、情報が整理され、個人発信の情報に検索で辿り着けるようになった。それまでは有益な情報発信があっても、その情報に辿り着けなかった。つまり活用されなかった。それが活用されるようになり、本格的個人発信時代が始まったのである。ちなみに、アマゾンジャパンもこの年に始まり、本格的ＥＣ（電子商取引）時代に突入する。そして翌年、ヤフーＢＢがＡＤＳＬモデムをタダで配り、ブロードバンド時代に突入する。

・2005年

情報〝砂の一粒〟時代の始まり

2003年くらいから世に出だしたブログが普及した年でもある。また、ユーチューブが始まったのもこの年。ブロードバンドの普及を受け、動画時代が始まる。この年を境に、砂一時代に突入していく。

・2010年

ソーシャルメディア時代の始まり

フェイスブックもツイッターも日本では2008年にデビューはしているが、本格的な普及は2010年だと言ってもいいと思う。日本では翌年に東日本大震災が起こり、SNSの有用性も証明されたりした。ここから一気に「生活者の発信」が激増し、友人知人というメディアの力が注目される。

で、次は2015年である。

あとからどういう変化の年と見られるのだろうか。

IoTの始まりだろうか。ウェアラブルの始まりだろうか。モバイル時代本格化だろうか。それとも予想もつかないものが水面下で普及しはじめているのだろうか。

とてもワクワクするが、ボクはあまり予想はしないようにしている。

なぜなら、たとえばフェイスブックやツイッターの本格的な普及もこの本を書いている2015年のたった5年前なのだ。どんなツールや手段が主役に躍り出るか、想像もつかないし、逆に予測して思い込んでいると思考停止に陥る。

あまり考えず、フットワークを軽くして、どんな方向に時代が動いても即座に対応し動けるようにしておくのがいいかなと個人的には思っている。

ま、それはさておき、**図16**では、伝える技術の変遷も書いている。

ひとつひとつ解説するのはこの本の趣旨ではないので、もうこのくらいでやめるが、要するに何が言いたいかというと、たくさんある手法は、それぞれのタイミングで、それぞれ必然性をもって世の中に現れ、利用された、ということだ。

そして、そのことを俯瞰して理解していると、あなたのプランニング能力は飛躍的に伸びるだろう。

なぜなら、それぞれの手法が出てきた必然性を順を追って知り、頭を整理できるので、その時代ごとの手法を混ぜず、きちんと使い分けられるようになる。課題解決に最適な手法を選択できる。

たった20年のこととはいえ、歴史を知ると応用が利くのである。

興味関心がない人をも振り向かすマスベースと、ファンに伝えるファンベース

さて、この章の最後に、「伝えたい相手」の話をしたいと思う。

この「伝えたい相手」だが、長く「ターゲット」と呼ばれてきた。

２００８年に出した拙著『明日の広告』では、もう「パートナー」と呼ぶべき、と書いたし、実際そう使っている人も多いのだが、まだまだ世の中では「ターゲット」という使われ方が多いと思う。

ターゲットとは、つまり「標的」で、撃ち落とすべきものだ。

２００５年以前は、生活者は「撃ち落とすべきターゲット」で、たとえば「20代のＯＬがターゲット」とかいう使い方をした。興味関心があろうがなかろうが、20代のＯＬを待ち伏せし、無理矢理邪魔してインパクト強く見せ、彼女らに興味をもたせちゃおう、あわよくば買わせちゃおう、という考え方である。

それは情報が少ない時代には確かに効いた。情報を受けとってもらいやすかったからである。

次ページ**図17の左側**である。

図 17

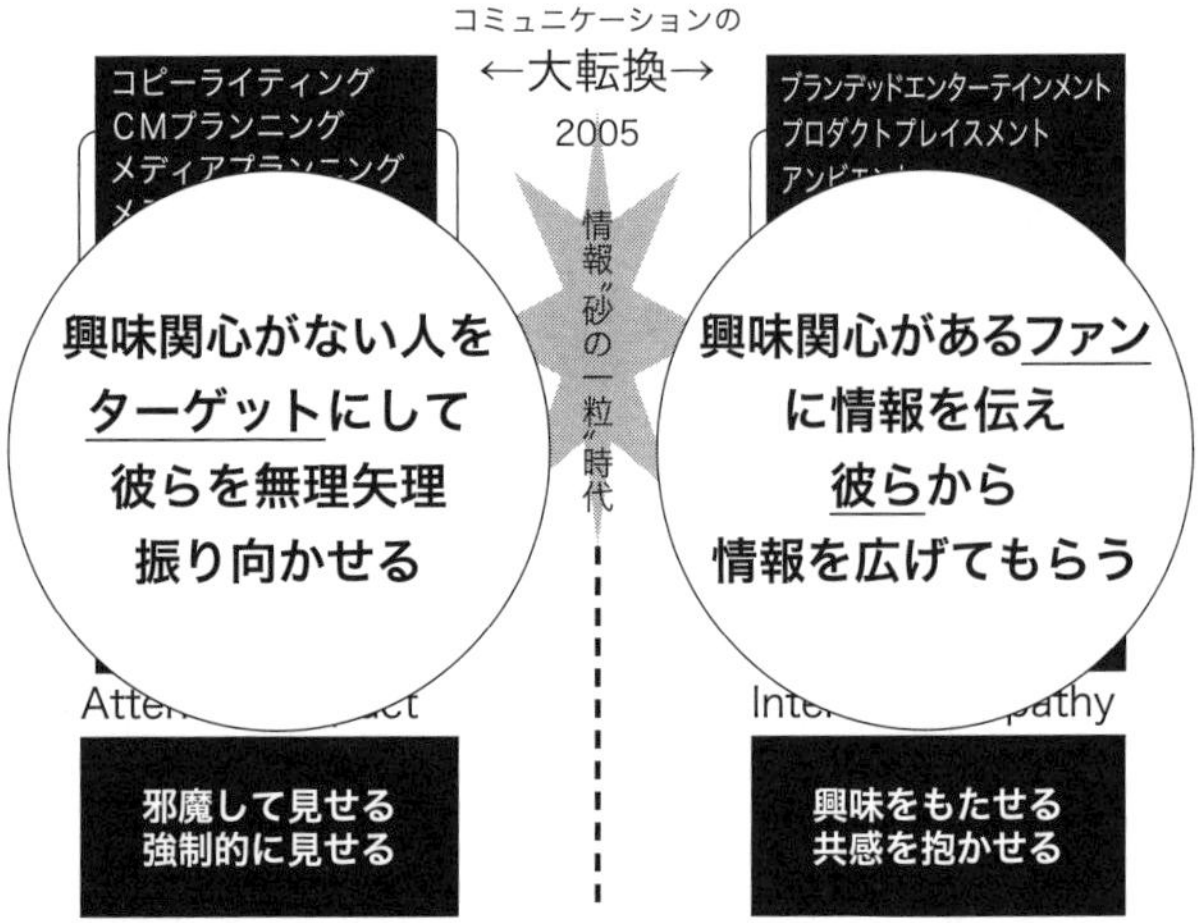

左側はマスベースなので、いままで書いてきたように、興味関心がない人をも振り向かすために邪魔して強制的に見せるアプローチが効いたのだ。

興味関心ない情報でも伝えたい相手を笑顔にできたのである。

でも、情報が爆発的に増えるとそうもいかない。

情報はありすぎてうざいので、もう「興味関心がない人」は受けとってくれない。目に入ったとしてもスルーされるのがオチである。

じゃあどう考えればいいか。

それが**図17の右側**だ。

興味関心がある人（＝ファン）に伝えるのだ。

すでにその企業や商品やサービスやコンテンツに興味関心がある人に伝えるのである。すでに良いものとわかっていて、友人知人にも使ってもらって喜んでもらいたいと思っている人に伝えるのである。

笑っちゃうくらいな超アゲンスト状況でも、彼らファンは情報を喜んで受け取ってくれる。笑顔になってくれるのだ。

そういう人たちに、あなたが伝えたい情報を丁寧に届ける。

少人数でもいいから、しっかり届ける。

良い情報、新しい情報をいの一番に彼らに届ける。

それがファンベースのプランニングである。

そうすると、ファンたちは喜んで、その情報をしっかり受け止め、その良さを友人知人たちに教えたくなる。

この章の始めのほうで書いたように、人は自分が好きなもの、自分が愛しているもの、そして自分が得したことなどを、友人知人と共有したくなるからである。

すでにファンである人に伝わっても、パイが広がらなくない？

このようにご説明していくと、強い抵抗を受けることがある。

「でもね、すでにファンである人に情報を伝えてもパイが広がらないじゃないですか。彼らはもう買ってくれてます。興味をもってくれている安全牌なんです。我々の仕事は、いま興味をもってくれていない人に売って、パイを広げ、売り上げを伸ばすことなんです!」

こういう風におっしゃる方がとても多いのだ。

「砂一時代以前の生活者」ならそのやり方でも通じると思う。

興味関心がない人でも、強制的に情報を見せることで態度変容を促すことが可能だ。

ただ、「砂一時代の生活者」においてはそれは無理である。

情報が多すぎるので、無理矢理見せても、興味関心がない人は全員スルーするだろう。

だから、興味関心がある人、もしくはみなさんが「安全牌」と呼ぶ、もう買って愛用してくれている人、つまり「ファン」にまず伝える。

そして、彼らから最強メディアである友人知人に共有してもらわないと情報は広がらないのである。つまり売り上げも伸びないのだ。

たとえば、巷でよく見かける「新規入会キャンペーン」みたいなもの。

すでに長く入会してくれているファンを安全牌扱いして無視し、まだ使ってくれていない生活者に向けて「いまご入会していただいたお客様にはこんな割引がありますよ!」みたいに訴えるキャンペーン。

あれは典型的な「砂一時代以前」のやり方だ。

興味関心ない人の気を引くためにやっている。

あれを見てファンはこう憤る。

「こちとら長いこと会員なのに、なんで新規会員ばかりが優遇されるんだ！」

「ずっと愛用してるのに、我々には割引なしかよ！」

もし砂一時代の生活者に伝えたいなら、逆のやり方をしないといけない。

つまり、長く愛用してくださっているファンこそを優遇するのだ。

そして彼らから最強メディアである友人知人に会員になるメリットが伝わっていくように（彼らが友人知人にオーガニックに言いふらしたくなるように）、優遇内容などをプランニングしていくのである。

いままで伝える仕事に携わっている人は「ファンの外側にいる人」、つまり、まだファンになっていない大勢を狙うのが仕事だった。

「新規顧客」を取り込むのが、マーケティングの目的だったのである。

でも、砂一時代の生活者においては、そうはいかない。

ファンベースで考えなければいけないのである。

第五章　ファンにアプローチする3つの方法

――砂一時代の生活者にどうリーチするか

ちょいポチャ男子のファンは、ちょいポチャ男子の情報を伝えてもらいたがっている

さて、情報〝砂の一粒〟時代（砂一時代《すないち》）を生きる生活者に伝えるとき、まず興味関心ある人（ファン）に伝える、ということはご理解いただけたであろうか。

ただ、ここで問題がある。

ファンも砂一時代を生きているのだ。

超くどいが、あなたが伝えたい情報は「砂の一粒」だ。もう伝えるとか無理な環境なのである。

じゃあ、どうやってファンに伝えるの？

それがこの章で考えていきたいことである。

ポイントは「**ファンは伝えてもらいたがっている**」ということだ。

その情報に興味関心があり、欲してくれているのである。

第四章でも書いたが、マーケティングは長く新規顧客を取り込むことを目的としてきた。

それは「その商品に興味関心がない人に無理矢理伝える」にほぼ等しい。

まだその商品を使ってもいないし、特に興味ももってない人に、なんとか買って使ってもらおうとするわけである。

興味関心がない生活者をターゲットにして撃ち落とすやり方だ。

そういうアプローチをしてきた時代が長かったので、ほとんどのプランナーはそのやり方が身に染みついている（染みついちゃっているのを経験的に知っているからこそ、こうしてくどく、しつこく、同じことを書いて警鐘を鳴らしているのである）。

ただ、ファンベースの場合、「ファン」に伝えることが目的だ。

ここが長くやってきたプランニングと根本的に違うせいだろう、いろんな講演や講義で説明してきて、どうもこの辺の考え方が理解しにくいみたいなので、比喩にはなるがイメージが湧くように具体的に説明してみたい。


あるところに「ちょいポチャ男子倶楽部」があったとする（笑）。

ちょっとポッチャリした体形で、指でつつくと柔らかそうな、固太りではない感じの男子が集まった倶楽部だ。一緒にいると安心できる癒やし系。美味しいもの好きの集まりでもある。

彼らメンバーは総じて彼女がおらず、なんとか彼女が欲しいと願っている。

だからキャンペーンをしようということになった。

ちょいポチャ男子「彼女獲得大作戦」である。

砂一時代以前の生活者に対するコミュニケーションは、こうなる。

マスベースだから、マスという塊に向かって叫ぶのだ。

たとえば郊外の駅前広場で大声で叫ぶイメージだ。

「ちょいポチャ男子を好きになってくれる人いませんか〜！　癒やし系で柔らかくてなかなかいいよ〜！」

駅前の人々の中の「若い女性」を狙って、大声でインパクト強く叫ぶのである。

「痩せマッチョにはない魅力がありますよ〜！　いまなら美味しいレストランつき〜！」

情報はまだそんなに多くなく喜ばれるから、ちょいポチャ男子になんか興味がなかった一部の女性も、なんとなく興味を惹かれて「なになに？」って寄って来てくれる。

その中のまた一部が彼女になってくれたりする。

まぁ言うなれば、そういうアプローチだったのである。

ライバルも砂一時代に比べればそんなに多くなく、ちょいポチャ男子たちの一方的かつ身勝手な叫びでも、それなりに興味をもたれ、受け止めてくれるのだ。

でも、砂一時代はそうはいかない。

まず彼らの声が届かない。

郊外の駅前どころではない。夕方の渋谷スクランブル交差点状態なのだ。

渋谷は情報とノイズで溢れかえっている。ライバルだらけでもある。そしてみんながみんな何やら叫んでいる。そんな中で露出量を増やしても限界がある。ほとんどの人の耳に届かないのだ。

では拡声器を使って叫ぼうと思っても、それはもっとうざいから、みんな耳をふさいでしまう。

たまたまラッキーに耳に届いたとしても「うるせえデブ」とギャルたちに悪意をもってスルーされてしまう。興味ない情報はうざいのだ。速攻スルーである。

彼女らは次々語りかけてくる男たちにうんざりしている。タイプでないちょいポチャなんか興味ないから、彼らの大声は迷惑そのもの。「うっざっ！　勘弁してよ！」という状況なのである。

もちろんラッキーに耳に届いた人の中にちょいポチャ男子好きがいる可能性はある。

でも、声が耳に届く時点でミラクルなのだ。

そのくらい周りがみんな必死に叫んでいるのである。人通りも世界トップクラスに多いのである。

そんな中でいるかどうかもわからないちょいポチャ男子好きに届く確率は非常に低い。

もう圧倒的絶望から始めないといけないくらい「打率が下がった」のである。

……さて、いったい彼らはどうすればいいのだろう。

「渋谷は魔境じゃ〜」と逃げ帰り、膝を抱えて泣き暮らせばいいのだろうか。

いや、諦めるのはまだ早い。

少数かもしれないが、「伝えてもらいたがってる人」がいるのである。

それがファンだ。

やり方が違ったのである。

大きな塊に向かって一方的に叫ぶ（マスベース）のではなく、伝えてもらいたがってるファンたちに伝わるように丁寧にアプローチする（ファンベース）のである。

もともとちょいポチャ男子に興味関心があるか、実際にちょいポチャ男子の魅力を知ってる女子がこの雑踏の中にいる。

もしくはちょいポチャの魅力に目覚めかけてたり、「ちょっとギュッとされてみたいかも〜」という女子がいるはずなのである。「痩せマッチョより少し太めのほうが癒やされるし好き〜」とか言っちゃう女子もいるはずなのである（注29）。

もちろん、大混雑した渋谷の雑踏でその少数を探すのは大変だ。

ちょいポチャ男子が好きなタイプの行動傾向をよくよく調査しないといけない。

彼女らには一定の傾向がある。

似たようなタイプで固まっていたり、ちょいポチャ男子ファンのコミュニティ（あるとしてだけど）に属していたり、美味しいもの好きコミュニティに参加していたりもする。ちょいポチャ男子イベントをすれば向こうから集まってくれる。もしくはもっとわかりやすく、すでにちょいポチャの彼氏がいて一緒に歩いていたりもするかもしれない。

そんな女子を丁寧に調査して探し出し、アプローチするのである。

一筋縄では行かないが、相手は待ち望んでくれているのだ。やり甲斐はある。で、そういう人たちが見つかったら、こちらから近寄っていって、直接的に語りかけるのだ（**ファンに直接リーチする**）。

彼女らは喜んで情報を受け取ってくれるだろう。

そして、周りのちょいポチャ男子好き（ファン）の友人知人にその情報を共有してくれる。「この前、ちょいポチャ男子倶楽部っていう人たちがいてね」と周りのファンに教え

注29　まだファンがひとりもいないもの、つまり新発売の商品とかの場合、ファンを作るところから始めないといけない。潜在的にこういう商品を求めているであろう層を集めて使ってもらい、コミュニケーションをとり、ファンにしていくなどの施策が必要である。また、ファンと一緒に新商品を開発する（共創：コ・クリエイションという）のも手である。これについては第六章で。

てくれるのだ（**ファンからファンにオーガニックリーチする**）。

もうすでにちょいポチャの彼氏がいる女子にもアプローチするのはそういうわけだ。類は友を呼ぶ。

彼女の周りに、ちょいポチャ男子ファンがいるはずなのである。

その人たちに彼女から伝えてもらうのだ。そうすると、その人たちもまた、周りのファンに伝えてくれる。そうやって広がっていく。

違うやり方もある。

渋谷の雑踏で、とりあえず近くの人に魅力的なチラシを渡していくのだ。

ちょいポチャ男子の魅力を訴えたチラシではない。近くの人は別にちょいポチャ男子好きとは限らないから、そんなのを渡した時点でゴミ箱行きだ。

なので、違う切り口、たとえば「めっちゃ美味しい団子のチラシ」である。その中でちょいポチャ男子たちがちゃっかりと団子を紹介している。そして「ちょいポチャ男子倶楽部」のURLを混ぜるとかして、「ファンが気付いてくれるように」そこはかとなくアピールしておくのである。

その団子チラシが魅力的であればあるほど、その人（男子でも女子でもいい）は、友人知人に「ねえ、この団子、すごい人気なんだって！」と伝え広げてくれる。友人知人から回ってきた情報は、みんな最優先で見るのである。

そして、その中にちょいポチャ男子ファンがいる（**ファンに間接リーチする**）。

ただ、この方法は「友人知人を介す」ので広がりやすいが、偶然ちょいポチャ男子ファンに届く確率がわりと低い。すでにある程度ちょいポチャ男子好きがいるコミュニティとかそういうところを最初から狙ってチラシを配る直接リーチのほうが効率はいいだろう。

とはいえ、その人がちょいポチャ男子好きでなくても、「あれ？　そういえば○子ってちょいポチャ男子好きだったよね」とちょいポチャ男子ファンの注意を喚起してくれる場合もある（**友人知人からファンにオーガニックリーチする**）。

すると「ちょいポチャ男子倶楽部」に気付いたそのちょいポチャ男子ファンは、周りの同志たち（ファンたち）にその情報を共有してくれるであろう（**ファンからファンにオーガニックリーチする**）。

その情報がちょいポチャ男子好きにとって魅力的かつシェアしたくなる要素が強ければ強いほど、ファンの間をすごい勢いで駆け巡るのだ（**注30**）。

注30　なんでも英語を使うのは格好悪いのは承知のうえだが、こういうシェアしたくなる要素が強い情報を「シェアラブル（shareable）な情報」と呼ぶ。「トーカブル（talkable）」という言葉を使う場合もある。シェアしたくなる情報、トークしたくなる情報、ということである。

「ねぇ、この倶楽部いいかも！　あ、かわいい男子いるじゃん！　ねえ、これ知ってた？」みたいに熱狂的に駆け巡るのだ。

そして、オーガニックリーチの強いところは、ちょいポチャ男子好きだけでなく、いままでちょいポチャ男子なんて眼中にもなかった人（興味関心がない人）にも強い影響を及ぼすところである。

ファンたちは、ファン度が強ければ強いほど、友人知人に言いたいのだ。「ねえ、ちょいポチャ男子っていいわよ〜。食べっぷりはいいし、だいたいなんだか癒やされる。痩せマッチョよりずっといいってば。一度つきあってみたら？」みたいに、オーガニックな言葉で友人知人に言いたくなるのである（**ファンからファン以外にオーガニックリーチする**）。

このオーガニックな言葉こそが、いままでちょいポチャ男子に見向きもせずスルーしていた人に興味関心をもたせる。

「ちょいポチャ男子？　ふーん、いままでまったく眼中になかったけど、あなたがそう言うなら魅力的なのかもね」と、友人知人への共感を伴って聞く耳をもってくれ、「一度くらいつきあってもいいかもね」などと心を動かしてくれるのだ。

少し時間はかかる。

そのうえちょいポチャ男子側の努力も求められる。

ファン度を強めてもらわないと周りに勧めてくれない。期待を裏切ってしまっても周りに勧めてくれない。

だが、相手はもともとちょいポチャ男子に好意をもってくれているファンだ。それなりにいろいろサービスをしないといけないのだ。

あとはこちらの努力と誠意と丁寧さ次第である。

この辺は第六章でくわしく書いていくが、今後、**ファンから「オーガニックな言葉を引き出す力」こそがプランナーの大事な能力になっていく**と思う。

砂一時代以前のマスベースでは、情報は一方的かつ身勝手に押しつけても受けとってもらえる。でも、砂一時代のファンベースは、ファンにオーガニックな言葉で伝えてもらうことが一番大切になっていくのである。

マスメディア全盛時代、ファンは軽視された。

「もうこちらを好きになってくれた人たち」「もう手に入れた人たち」と軽く扱って、もっと他に好きになってくれる人はいないか、不特定多数に叫び続けた。

釣った魚にはエサをやらない、ってやつである。

でもファンベースでは、ファンになってくれた人こそが大切なのだ。

ファンベース、3つのアプローチ

変な比喩ですみません（笑）。

まとめてみよう。ファンへのアプローチの仕方には3つある。

① （伝える側が）ファンに直接リーチする

② （友人知人から）ファンに間接リーチする

③ （友人知人やファンから）ファンにオーガニックリーチする

※ （ファンから）ファン以外にオーガニックリーチする

4つめの※は、ファンへのアプローチではないが、整理のためにここに載せておく。これについては次章、第六章でくわしくご説明する。

で、①の**直接リーチ**だが、これは「砂一時代以前におけるマスベースの直接リーチ」とはずいぶん違う。

マスベースの直接リーチは、マスメディアなどを介して、大きな塊（マス。昔で言ったら大衆）に直接的に伝えるものである。生活者は4マスなどから直接情報を受け取った。

それに対してファンベースの直接リーチは、ファンを探し出し、ファンに情報を丁寧に手渡しに行くイメージだ。

ただしたとえばコンビニで3秒で購入を決めるような低関与商品（**注31**）などはファンと言えるほどの人たちがいない場合も多い。商品やサービスの種類によって判断する必要はある。

②の**間接リーチ**は、友人知人から回ってきた情報である。

その回った先に「ファン」がいる可能性がある、ということである。

SNSのバズなんかはこの例になる。

バズは興味関心がない人に回っても、認知はされるが態度変容は促さない（くりかえすが、友人知人を介したのでその情報を見ることはする。つまり認知はする）。でも、バズった先にファンがいた場合、その情報はちゃんと喜んで受け取ってもらえる。とはいえ、ちょいポチャ男子の例でも書いたが、これはわりと効率が悪いアプローチである。

バズった先にファンがどのくらいいそうかが計算できる場合は機能するが、そうでない

注31　その商品やサービスに対して興味関心度が高い商品を高関与商品、低い商品を低関与商品と呼ぶ。一般に価格が低い商品に対して、生活者はあまり関心を示さないことが多い。とはいえ、安いカップラーメンでもきっちり固定ファンがつくように、やり方次第ではある。

場合は当たるも八卦的なアプローチになりがちだ。そのうえ、エンタメ過剰なこの時代、バズること自体がかなりハードルが高いうえに、瞬間的にバズってもすぐ忘れられてしまうから、くり返しバズを狙う消耗戦にもなりがちなのである。

２０１５年４月現在、バズはわりと持てはやされている手法であるが、ボクはちょっと疑いの目で見ていたりする。

③の**オーガニックリーチ**は、友人知人やファンからオーガニックな言葉が伝わる。「ファンから」の場合は一度ファンに伝わり、彼らからオーガニックな言葉を他のファンたちに言ってもらわなければいけない。

つまり①や②でファンにリーチし、そのファンから他のファンにオーガニックな言葉で伝わらないといけない。

もしくは以前からファンだった人、最近すでにファンになった人などから自主的かつ内発的に他のファンに伝わらないといけない。

そしてこの「オーガニックな言葉を言ってもらう」というのはとても難しい。

競馬の例で見る6つのリーチ

第三章で出した競馬の例を右の①②③に当てはめてみよう。

次ページ見開きの**図18**を見てほしい。

図の左側は第三章でご説明した状況だ。

A君は競馬に興味関心がない。

砂一時代の生活者であるA君には、まず「直接リーチ」が届かない。届いたとしても興味関心がないからスルーする。

「間接リーチ」はどうかというと、最強メディアである友人知人から回ってきた情報なので、見る可能性、つまり認知する可能性は高い。

でも、だからって競馬をやるわけではない。競馬には興味関心がないからである。

ただ、態度変容はしないが認知はする。それだけでも砂一時代においてはすごいことだし、新発売の商品を広く知らしめたりする場合は効果がある。とはいえその認知もわりとすぐに忘れ去られるであろう。

つまり、新発売時などを除いてあまり効果的ではないとボクは思う。△をつけているのはそのためだ。

それに比べて左下、A君への「オーガニックリーチ」は効果が全然違う。

友人から、オーガニックな言葉で勧められると、態度変容までも引き起こすのだ。

競馬に興味関心がなかったA君が「へ〜」と競馬に興味をもった瞬間である。

マトリックス

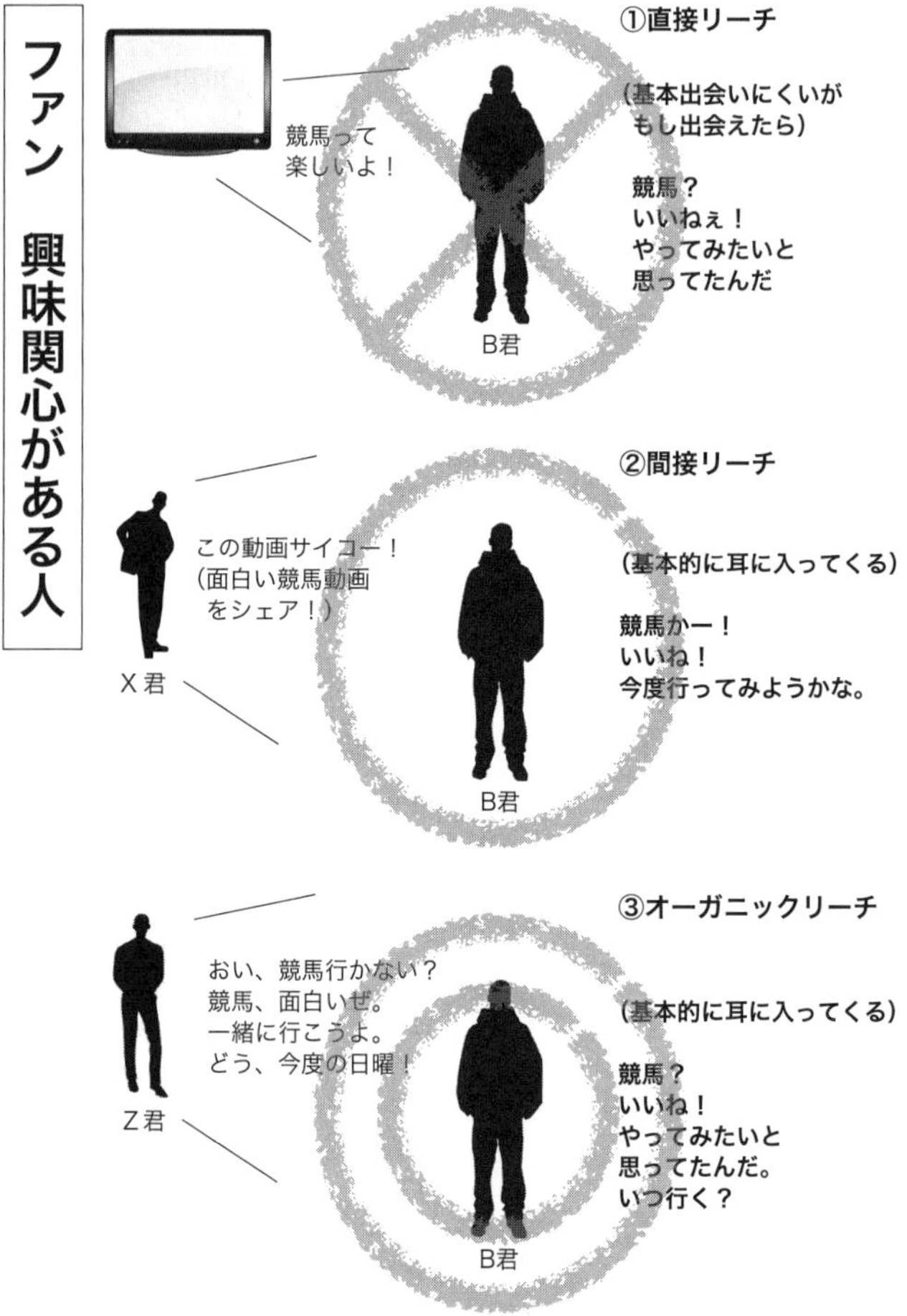
ファン　興味関心がある人
①直接リーチ
競馬って
楽しいよ！
(基本出会いにくいが
もし出会えたら)
競馬？
いいねぇ！
やってみたいと
思ってたんだ
B君
②間接リーチ
この動画サイコー！
(面白い競馬動画
をシェア！)
X君
(基本的に耳に入ってくる)
競馬かー！
いいね！
今度行ってみようかな。
B君
③オーガニックリーチ
おい、競馬行かない？
競馬、面白いぜ。
一緒に行こうよ。
どう、今度の日曜！
Z君
(基本的に耳に入ってくる)
競馬？
いいね！
やってみたいと
思ってたんだ。
いつ行く？
B君

図 18

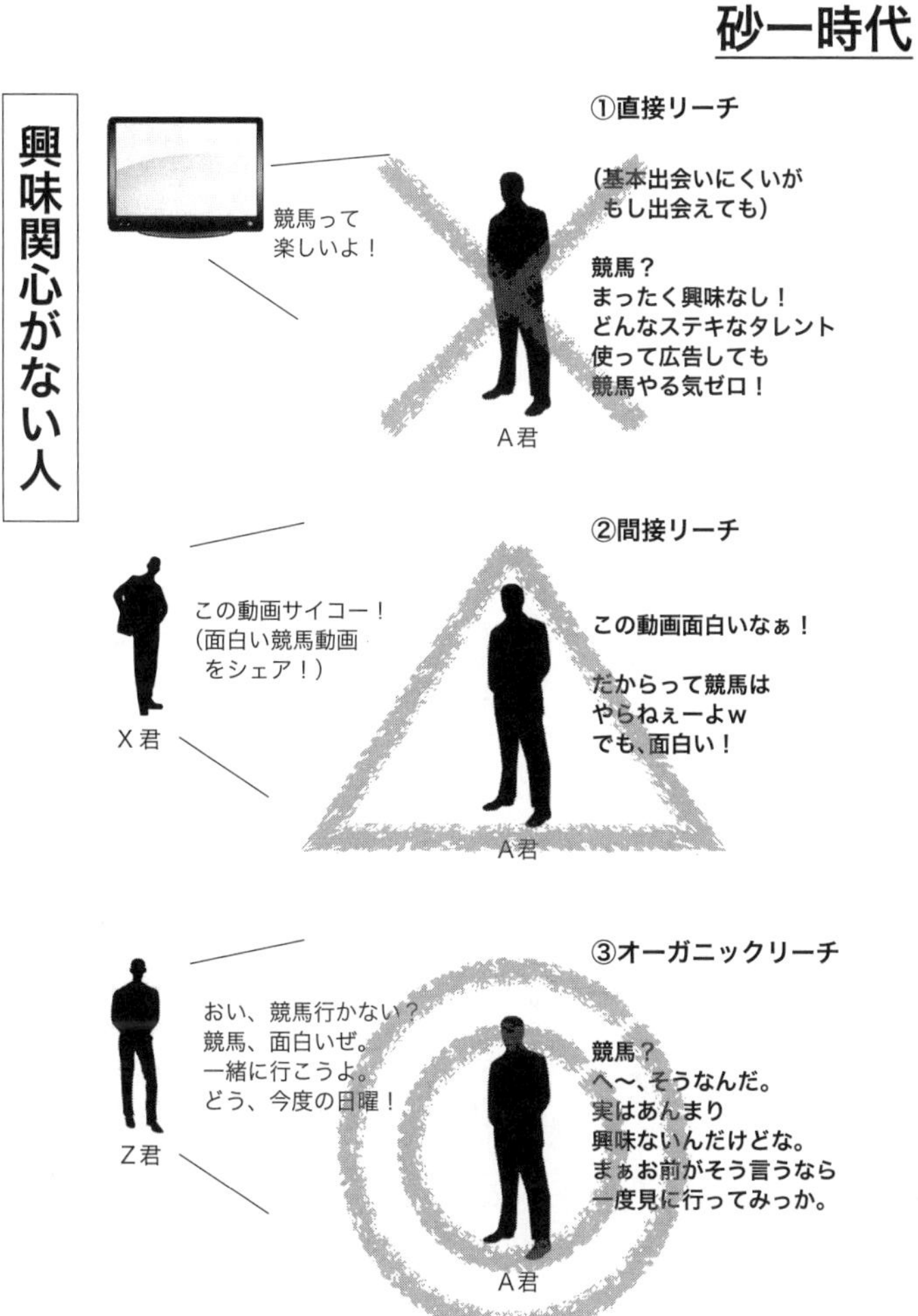
砂一時代
興味関心がない人
①直接リーチ
競馬って
楽しいよ！
(基本出会いにくいが
もし出会えても)
競馬？
まったく興味なし！
どんなステキなタレント
使って広告しても
競馬やる気ゼロ！
A君
②間接リーチ
この動画サイコー！
(面白い競馬動画
をシェア！)
X君
この動画面白いなぁ！
だからって競馬は
やらねぇーよw
でも、面白い！
A君
③オーガニックリーチ
おい、競馬行かない？
競馬、面白いぜ。
一緒に行こうよ。
どう、今度の日曜！
Z君
競馬？
へ〜、そうなんだ。
実はあんまり
興味ないんだけどな。
まぁお前がそう言うなら
一度見に行ってみっか。
A君

競馬をすぐにやるかどうかは別にして、競馬が「友人への共感を伴って心の中に入ってきた」のである。

一方、図の右側のB君は競馬ファンである。

もしくは競馬をやったことはないけど、興味関心をもっている人だ。

そんな彼への「直接リーチ」であるが、A君と同じようにまず直接リーチが届かない。

だって砂一時代なのである。

図にあるようにたとえばテレビCMをやっても、届く確率はとても低いだろう。

ただ、競馬に興味関心があるので、たまたまそのCMを見ていたりすると「お、競馬いいね！　ちょっとやりたいと思ってたんだ」と心が動く。

図ではテレビCMを例にしているが、ちょいポチャ男子の例でいろいろ出したように、もっとB君がいるコミュニティや触れているメディアなどを丁寧に考えて企画すれば、届く可能性はあるのである。

そういう意味で、**きちんとB君に届く方法をプランニングすれば、直接リーチも効くのだ。**

なので、×と○、両方つけてみた。

基本届きにくいけど、届くプランニングはある、ということである。

では「間接リーチ」はどうだろう。

友人知人から回ってきた情報であるが、もともとB君は興味関心があるので、ちゃんと受け取ってくれる。

これは興味関心がないA君と大きく違うところである。

つまり、ファンに届く可能性が高いなら、バズもかなり有効である。

ただ、たまたま届くことのほうが多いので、当たるも八卦の面は否めない。ファンが集まっているコミュニティなどに直接リーチするほうが確度が高いだろう。

最後に「オーガニックリーチ」であるが、これはもう伝わりまくる。

というか、Z君とふたりで盛り上がること必至である。

なにしろファン同士なのだ。

「いつ一緒に行こうか！」くらいなノリで盛り上がるであろう。そして周りのファンや友人知人まで巻きこむだろう。

このように俯瞰すると、砂一時代の生活者に対するアプローチが見えてくる。

この伝わらない時代、どれが商品購入やサービス利用により確実につながるか。

どれが伝えたい相手をより確実に笑顔にするか。

それが見えてくると思う。

前提は「情報が多すぎて伝わらない。耳目に入ってもスルーされるし、伝わったとしてもすぐ忘れられる」というこの環境の過酷さだ。

そういう環境において、伝えたい相手を笑顔にするのは、182ページの**図18**における○と◎をつけたところだけである。

特に◎。

圧倒的に◎。

つまり、オーガニックリーチは強烈に効果的なのだ。

それについては次章でくわしく書いていくが、この章ではもう少しだけ直接リーチと間接リーチのやり方について触れておきたい。

（伝える側が）ファンに直接リーチするにはどうするか

さて、ちょいポチャ男子と競馬という「例としてどうなのか」と問い詰められそうな例を展開してきたが（**注32**）、もう少し突っ込んで考えてみたい。

ちょいポチャ男子の例でも書いたが、砂一時代を生きる生活者への直接リーチは、ファンにこちらから近寄っていって直接的に語りかけることが必要だ。

ファンと呼ぶと漠然としちゃう場合は、「伝えてもらいたがってる人」と呼んでみよう。

そう、ファンは「伝えてもらいたがっている」のだ。

次に具体的にその人の姿を思い浮かべよう（ボクがシニアというと父母を具体的に思い浮かべるように）。

「伝えてもらいたがってる人の具体的な姿」をイメージできたら、その人が情報を受け取って笑顔になっているのはどういう場所や時間なのか、イメージをふくらませていくのである。で、その人を探し出し、手渡すように丁寧に情報を伝えるのである。

では、その人にどこでどういう風に情報を受け取ってもらうのか。

拙著『明日の広告』の第四章に「あるクルマの話」として事例を載せたが、例としてわかりやすいので、この本用に再構成して載せてみたい。

この話はあるクルマメーカーのオリエンテーションから始まった。仮にAという名前の外国車とする。

A車は高級車であり、富裕層向けのクルマとして知られていた。オリエンでは富裕層に

注32 様々な商品ジャンルとタイプがあり、とてもじゃないけど網羅はできないので、あなたが担当している商品で、ちょいポチャ男子のときのストーリー、競馬の6つの図、それぞれに当てはめてシミュレーションしてみてください。

向けてラグジュアリー感と居住性をアピールしてくれとのことであった。そしてテレビCMと新聞広告を中心に訴求してほしいという説明であった。

つまり企業が考える「買わせたい人＝ターゲット」は富裕層である。

ここで「ホントかな？」と思ったボクは、優秀なマーケ担当と相談してある調査を行ったのである。何を調査したかというと、「買わせたい人」ではなく、「買いたがっている人」を調べたのだ。

A車を買いたがっている人。

つまり、A車の情報を「伝えてもらいたがってる人」である。

その「伝えてもらいたがってる人」はどういう人で、どんな趣味嗜好で、どういうメディアに触れているのか、などを調べていったのである。

具体的には「A車を買いたいと思ってる人～！」と同僚などに呼びかけ、彼らをひとりひとりインタビューしていったのだ。

そうしたらいくつか特徴的な項目が上がってきたので、それをもとに定量調査をかけてみたら、かなりユニークな結果になったのである。

まず、ユニークだったのは、「A車ファンの趣味」であった。

競合する他車のファンは「ドライブ」などが上位の趣味として上がるのに、A車ファンは極端にドライブ趣味が低く、かわりに、マリンスポーツとか、楽器演奏とか、園芸とか、ちょっとマニアックな趣味が上位に上がってきていたのである。

また、「A車ファンが読んでいる雑誌」もちょっと変わっていた。

競合他車のファンが読んでいる雑誌はカー雑誌が上位に並んだのに、A車ファンはカー雑誌をほとんど読んでおらず、若者が読む趣味雑誌などが上位に来たのである。

なんだか様子が変だと思い、その後いろいろ調べていった。

そうしたらA車ファンは、広大な荷物スペースにサーフボードを積みたいサーファーや、チェロとかを積みたい楽器演奏者や、園芸用品とかを積みたい園芸好きなどが多かったのである。

つまり、ファンにとってA車は、ドライブを楽しむ高級車というよりは、様々な趣味目的で使用する「実用車」だったのである。

そして、必ずしも富裕層ばかりが欲しがっているわけではないのもわかってきた。

若いサーファーとかも「欲しい」と手を挙げるのである。若い演奏家も園芸好きの奥さまも手を挙げるのである。彼らにとってのハイエンドカーだったのだ。低金利ローンキャンペーンとかすれば、彼らでも手が届くのだ。

あのまま企業の説明通りに富裕層を漠然と狙っていたら、キャンペーンは失敗に終わっていたかもしれない。買いたがっている相手は全然違う人たちだったのである（注33）。

そして、この調査結果は、そのファンたちに情報をどこで渡せばいいかも示している。

A車のファンは、たとえばサーフィン好きだったり、楽器好きだったり、園芸好きだったりする。

であるならば、たとえばサーファーが集まっている（関東なら）九十九里浜や湘南海岸で、いかにA車がサーファーに向いているかを訴える看板広告を出したり、海岸の駐車場にA車を並べてその良さをアピールしたり、現地でイベントを開催したりすればいいかもしれない。

現地じゃなくても、都会でサーファーが集まるカフェがあるかもしれない。大学や会社のサーフィン同好会にアプローチするのもいい。

また、サーファーが読んでいる雑誌や、サーファーが集まっているネット上のコミュニティ、サーファーが必ず見るテレビ番組、サーフィンに行く道中に聴くラジオ番組なども情報を渡す有効な手段だ。

それだけではなく、サーファーたちがつながっている「他の趣味」もあるかもしれない。

サーファーはみんな日焼けに関心があると仮定して（ボクはサーフィンを一回しかやったことがないのでくわしくは知らないけれど）、日焼けサロンも大事な「情報を渡す場所」

かもしれない。A車のチラシを置いてみよう。ポスターを貼ってみよう。他にもたとえば、サーフボードやウェットスーツのメーカーとタイアップするとか、いろいろありそうだ。

これらの施策は、「サーファーたちが情報を受け取って笑顔になっている姿」を具体的に思い浮かべるとわりとたくさん思いついたりする。そしてその中からより効果的に彼らにアプローチできる手段を探せばいい。

そして、楽器好きや園芸好きも然りである。

楽器演奏者や園芸が趣味の人たちに情報を渡せる場所やメディア、イベントなどにこちらが出向いて情報を届けるイメージである。

それが砂一時代のファンに直接リーチする方法である。

ファンベースで考えるとき、マニアックなメディアは超重要

さて、サーフィンの例でわかっていただいたと思うが、ファンへの直接リーチを丁寧に考えれば考えるほど、ファンがよく見るメディアは重要である。

注33　もちろん企業側の戦略として「買わせたい相手」を特定する場合もある。そろそろ若者に売れるようにしないとこの商品に将来はない、みたいに考えて、まったく商品に興味をもっていない若者をターゲットにするとかの場合だ。ただA車の場合は企業側が「買う人は富裕層」と決めつけていた。実際に調べたら、買いたがってる潜在顧客は全然違った、ということである。

そういう意味で、マニアックなメディアはこれからどんどん重要になると思う。

Ａ車の場合、サーファーが買いたがっているということが調査でわかった。であるなら、Ａ車にとって、サーファーが読んでいる雑誌やサーファーコミュニティ、サーファーが必ず見るテレビ番組、道中に聴くラジオ番組などはとても大切だ。

それがマニアックであればあるほど、濃いファンが集まってくる。視聴率や部数はあまり関係はない。

一般的には視聴率や部数が多いのがいい番組でありいいメディアと言われるが、濃いファンとしっかりつきあい、彼らを捕まえている番組やメディアのほうが、ファンベース的にはいいメディアなのである。

なぜなら第三章に書いたように、「拡散の核は少数でいい」のだ。（第六章でも述べるが）熱心なファンであるほどオーガニックな言葉を周りに言ってくれるので、熱心なファンが集まるマニアックなメディアほど貴重なのである。視聴率や部数が少なくてもなんら問題はない。

そういうマニアックなファンが集まる雑誌や、ＣＳテレビ、コミュニティ、ＡＭラジオやＦＭラジオなどは、ファンベースのアプローチが重要視されればされるほど価値をもってくるだろう。

特にラジオは、パーソナリティ（DJ）が耳元で友人に話すように語りかけるという点で、きわめてファンベース的である。友人知人と同じような共感を伴って情報が広がる。今後ますます注目されるべき重要なメディアである。

また、同じような観点から、地方紙も注目される。地方紙は「地域」と密接に結びついている。つまり「地域という濃いつながり」（ある意味マニアックである）にリーチしたいとき、必須のメディアとなる。

どれも、もっと広告料とかを高く設定してクライアントに主張してもいいレベルである。ファンに直接リーチできる場所は、今後それほど貴重なものになると思う。

その情報は熱狂をもってファンの間を駆け巡るか

こうしてなんとかファンに直接リーチできたとして、次にひとつ意識しておかないといけないことがある。

それは、直接リーチして情報が止まるのではなくて、「ファンのトライブの中で広がらないといけない」ということだ。

またカタカナ用語が出てきた。なるべく使いたくないのだが、これは覚えてもらっておいたほうがいいかもしれない。

図19

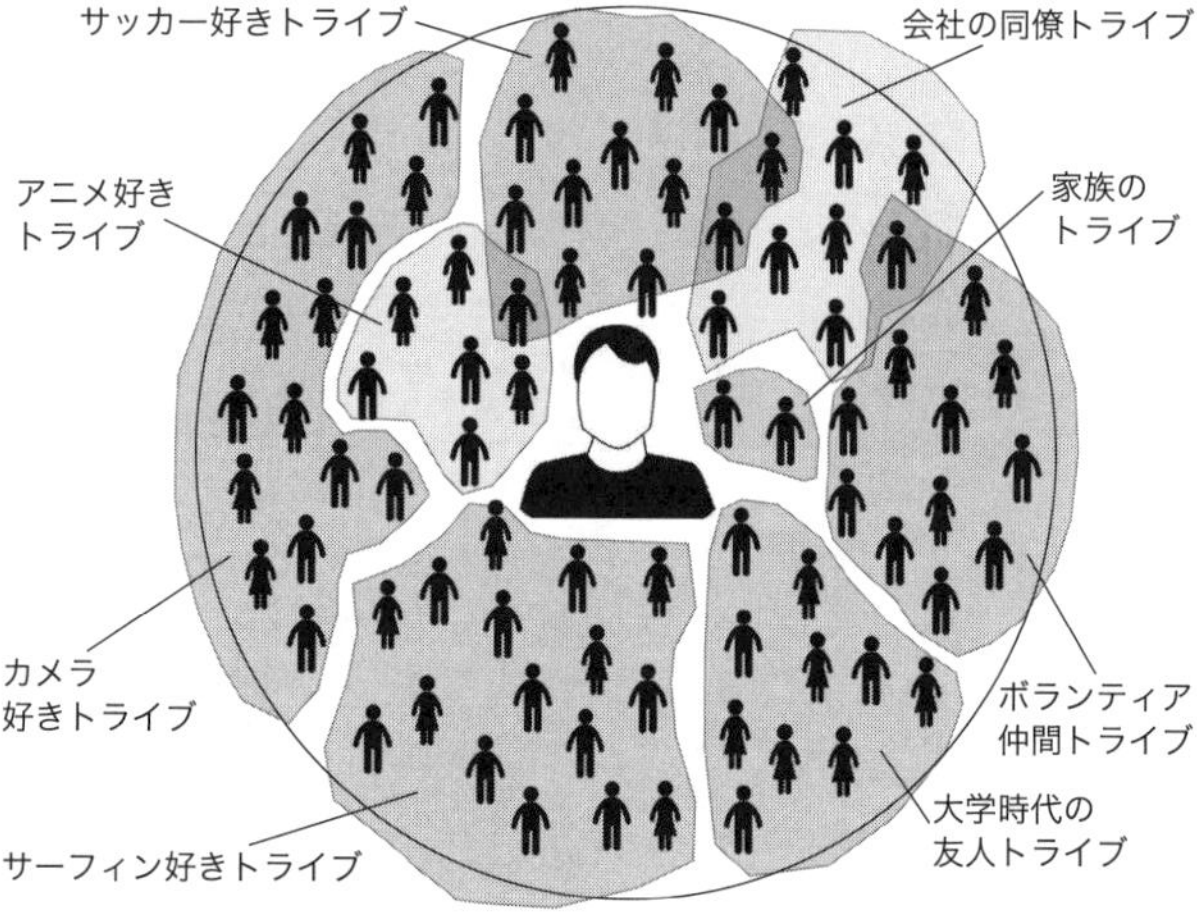

トライブとは「族」のことで、まぁひらたく言えば「つながり」だ。

古い人なら「杉山清貴&オメガトライブ」というグループ名を思い出すかもしれない。あれはオメガ〝族〟のことである。若い人なら「EXILE　TRIBE」だろうか。

で、**図19**のように、人はそれぞれ自分独自のソーシャルグラフをもっている。

そのソーシャルグラフは、会社の同僚トライブとか大学時代の友人トライブなどの、属性のトライブとともに、サッカー好きトライブとかサーフィン好きトライブなどの趣味嗜好のトライブで主に構成されている。

たとえばさきほどのA車の情報を、この図の中心にいる彼に直接リーチしたとする。彼はサーファーなので、サーフィン好きトライブをもっている。

そのとき、単に彼に直接リーチして終わりではなくて、彼から周りのサーフィン仲間に情報が広がってほしいのだ。

A車のことをサーフィン仲間に言いふらしてほしいのである。

その情報を共有してほしいのだ。

苦労してサーファーたちに直接リーチしたのだ。彼を含むそれぞれの個人から、他のサーフィン好きにA車の情報を広めてほしいのである。

そのとき、ひとつ大切なチェックポイントがある。

それは「**その情報はファンの間を熱狂をもって駆け巡るか**」である。

せっかくサーフィン好きに直接リーチしたのに、「新車試乗会実施中!」みたいな情報ではサーフィン好きトライブの間を駆け巡らない。

なぜなら、サーフィン好き同士で共有したい情報ではないからである。

それより「いまA車ってサーファーキャンペーンやっていて、○○製のサーフボードがもらえるらしい!」とか「来週のA車イベントに、プロサーファーの△△が来るらしい!」とか「サーファー特別仕様の新モデルがでるらしくて、これが超かっこよくて!」とか、サーファーたちがぐっと身を乗り出す情報のほうが当然駆け巡りやすいだろう。

それは、楽器にしても園芸にしても一緒である。

こう考えてくると、直接リーチする情報は「狙いたいファンのトライブによって変えないといけない」ということがわかる。

サーフィン好きに直接リーチするなら、その後のサーフィン好き同士の共有を考えて「サーファーたちの間を熱狂をもって駆け巡る情報」を用意しておかないといけないし、楽器演奏好きに直接リーチするなら、その後の共有を考えて「楽器演奏者たちの間を熱狂をもって駆け巡る情報」を用意しておかないといけないし、園芸ファンに直接リーチするなら、その後の共有を考えて「園芸趣味の人たちの間を熱狂をもって駆け巡る情報」を用意しておかないといけないのである。

そうでないと苦労して直接リーチする意味がないのである。

(友人知人から)ファンに間接リーチするにはどうするか

ファンへの間接リーチは、先に書いたように、友人知人を介してたまたまファンに届くことが多いので、当たるも八卦の面は否めない。

そして、これは、ファンの間を駆け巡らない可能性が高い。

なぜなら、一般人におもしろい情報(競馬の例の場合は競馬動画)なので、ファン同士で「ねえ、これ、知ってた？」とばかりに一気に広がる要素がうすいことが多いからである。

ファンの中で熱狂をもって駆け巡るのは、もっとマニアックかつファンにとって貴重な情報なのである。なので、もし、バズから偶然ファンに伝わるという方法を選ぶのであれば、もう少し「駆け巡る要素」を付加した情報にしないといけないだろう。

競馬の例なら、最初から競馬好きトライブを意識して、そのファンたちが熱狂するような情報を「一般人にもウケるように」流すのである。

つまり一般ウケとマニアウケを両立させないといけないということになる。これはなかなかに難しい。

（友人知人やファンから）ファンにオーガニックリーチするにはどうするか

友人知人からファンにオーガニックリーチするのは、「あ、たしかアイツこれ好きだったから、教えてやろう」というように、親しさ度合いや親切度合いに影響される。ただ、新商品のようにまだ知られていないものの場合、「周りの方にもどうぞ」みたいにサンプルとともに渡すなど、様々な工夫は考えられるだろう。

そして、ファンからファンにオーガニックリーチするというのは、「ファントライブ内での共有」のことだ。

「いまA車ってサーファーキャンペーンやっていて、○○製のサーフボードがもらえるらしい！　知ってた？」「え！　マジ？　すげー！」みたいに、オーガニックな言葉とともにファンの間を駆け巡るというヤツである。

これはファン同士確実に盛り上がるので、濃く強く情報が伝わっていくことになる。

ただ、ちょいポチャ男子の例でも説明したが、実は「ファンからファン以外にオーガニックリーチする」という大切なアプローチがある。

それこそが、実は「砂一時代の生活者の態度変容を促す最適なコミュニケーションプランニング」になる。

それは次章でたっぷりご紹介したいと思う。

第六章　ファンからオーガニックな言葉を引き出す7つの方法

――砂一時代の生活者が態度変容するオーガニックリーチ

いまファンじゃない人にファンになってもらうために

第四章でご説明したとおり、情報〝砂の一粒〟時代（砂一《すないち》時代）の生活者に対して最強のコミュニケーション方法は「興味関心あるファンに伝えて、彼らから友人知人に広げてもらうこと」である。

もう興味関心ない人には伝わらない。

でも興味関心あるファンになら伝わる方法がある。

3つのリーチを駆使してファンに伝え、彼らから広げてもらうのだ。

そのとき、圧倒的にチカラを発揮するのが「ファンのオーガニックな言葉」である。

オーガニックな言葉にも、ポジティブな言葉とネガティブな言葉があり、両方広がりやすいが、企業にとってはもちろんポジティブな言葉を広げてほしい。企業や商品やサービスに対する好意を口にしてほしいのだ。

もしオーガニックな言葉で好意を広げてくれたら、ついさっきまで興味も関心もなかった生活者は興味関心をもつ。「へ〜」って思う。「彼がそう言うならそうなのかもね」と思う。「買ってもいいかな」と心が動く。

なぜなら価値観が近い友人知人の言葉だからである。

そのとき、それを広げてくれるファンは少数でもいい。

少数のファンでも、オーガニックに伝えてくれれば、周りにファンは増えていく。

意外なほど速く、大きく、その情報は広がっていくのである。

それが最強メディアである友人知人のチカラなのだ。


この章では、ファンからどうやってオーガニックな言葉を引き出し、周りの友人知人に伝えてもらうか、その方法を探っていきたいと思う。

いや、生活者をコントロールしようなんて失礼なことはこれっぽっちも思っていない。

もちろんコントロールなんかできない。

ファンだってまったくコントロールできない。

そうではなくて、「自然に言いたくなってくれる環境を作っていく」のである。

「周りに言いふらしたくなる状況にもっていく」のだ。

「同好の士をもっと増やしたくなるような熱狂的な状態にしていく」ということである。

ちなみに、前章でも書いたが、オーガニックな言葉を友人知人に言ってもらいにくい商品もある。

たとえば低関与商品は言ってもらいにくい。

また、カツラとか機能性化粧品みたいに「他人に隠しておきたいもの」や、マニアックすぎるゲームとか、趣味性が高すぎるもの、思想・宗教・政治系のものなど「他人から誤解される恐れがあるもの」もオーガニックな言葉を言ってもらいにくい。

ただ、その商品やサービス自体は言ってもらいにくくても、企業人格（企業のお人柄）を磨くとか、社会との関わり合いを見直すとかによって、ブランド自体に対するオーガニックな言葉は言ってもらえる可能性はある（注34）。

それらを含めて、7つの方向性を見ていきたい。

ファンからオーガニックな言葉を引き出す7つの方法

ファンベースのプランニングはこれからどんどん進化するだろうから、もっと他のアプローチも出てくると思うが、いまの時点で基本的なものはこの7つかな、とボクは考えている。

（A）社員という「最強のファン」の共感を作る。
（B）ファンをもてなし、特別扱いする。
（C）生活者との接点を見直す。

（D）商品自体を見直す。ファンと共創する。

（E）ファンを発掘し、活性化し、動員し、追跡する。

（F）ファンと共に育つ。ファンを支援する。

（G）ファンとビジョンを分かち合う。

AからGまでそれぞれに専門的な本が出ているようなことを、この章ではさっと概括していくので多少表面的になるが、ひとつひとつ簡単に説明していきたい。

ちなみに、どれも中途半端にやると「ファンからのネガティブな言葉」、つまり失望や落胆が友人知人を介して広がってしまう原因にもなりかねない。

注34　カツラについて「このカツラ、いいよ〜」と友人知人に言いふらす人はあまりいないだろう。だが、そのメーカーのミッションに対する共感や、社会に対するふるまいについての賛同、社会貢献活動に対する感心などを友人知人と共有することは充分あり得る。たとえばボクはタバコは嫌いだが、タバコメーカーの社会貢献活動についてSNS上で自発的に（つまりオーガニックに）書き込んだことがある。ボクの周りは（類は友を呼ぶのか）タバコを吸わないアンチタバコ派が多いが、ボクのオーガニックな言葉は、友人知人たちのタバコメーカーに対する印象をかなり変えたと思うし（そういう反応がいろいろ返ってきた）、わりと広がったと思う。そのオーガニックな拡散は、いざタバコを吸うときの彼らのブランド選択に大きな影響を与えるだろうし、彼らの外側にいる喫煙者のブランド選択にも大きな影響を与えることだろう。また、それはタバコ以外の領域に手を広げるその会社にとって貴重なことであったろうと思う。

その手痛いしっぺ返しは、致命傷にもつながりかねない（企業がちょっとした対応ミスで致命的な傷を負う姿をみなさんはいくつも見てきているはずだ）。

なので、やると決めたら、覚悟して徹底的にやったほうがいいだろう。

「徹底的にファンを愛する」と決めるのだ。

遠回りではない。むしろ近道なのだ。

いま愛してくれているファンとよくつきあうことは、結果的に、砂一時代の生活者に対する最良のアプローチとなるのである。

では、ひとつひとつ簡単に見ていこう。

この本の目的はなるべくシンプルに全体像を頭に入れていただくことなので、それぞれに具体的な事例を多く挙げる気はないし、説明も簡略化するが、参考図書やリンクなどは少し挙げておいた。

今後確実に必要とされるプランニング方法なので、ぜひそれらを読んでみてほしい。

（A）社員という「最強のファン」の共感を作る。

最初は「社内」の話である。

なぜ一番最初かというと、一番大切かつ根本的なことだからである。

コミュニケーションのプランニングは一般的には「社外」に対しての話だ。社外にいる一般生活者とのコミュニケーションを考えるものである。

ただ、ファンからオーガニックな言葉を言ってもらいたいとき、実はそことは全く関係ないと思われそうな「社内」のことが一番大切になってくるのである。

ポイントは3つある。

・**社員こそが実は「最強のファン」である。**長くファンでいてくれるし、裏切りにくい(もし裏切られると一番怖いので裏切られないように努力する必要がある)。彼らのオーガニックな言葉は、社外の友人知人を介して外に染み出していく。

・**社員がファンでない企業、つまり、社員に共感・尊敬されていない企業は、社員たちの落胆や失望が友人知人を通じて外に染み出してしまう。**だから社外にファンもできにくいし、ファンからのオーガニックリーチも極めて起こりにくい。

・**社員の共感を獲得するためには、ミッション、ビジョン、コアバリューの設定・浸透が必須である。**それらが社員に浸透し機能している企業は、企業の方向性が明確で、社員も一体感があり、社外の一般生活者もオーガニックな好意を口にしやすい。

図 20

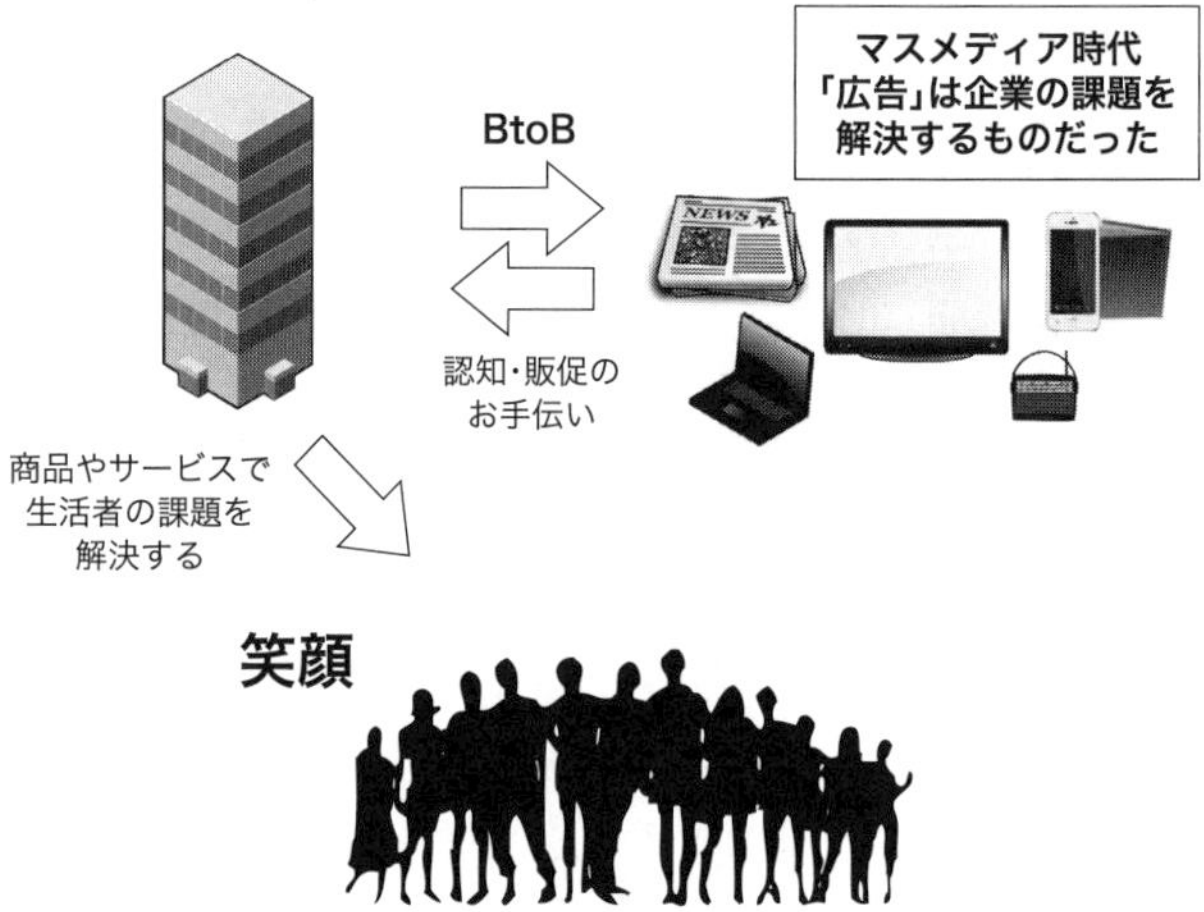

図20から**図23**の一連の図を見てもらえるだろうか。

「はじめに」でも書いたように、企業は商品やサービスで生活者の課題を解決するために存在している。商品やサービスで（場合によっては社会貢献活動も含めて）生活者を笑顔にするのである。

そして、4マス全盛だったころの「広告」は、そのための認知や販促のお手伝いをするものであった。つまり企業の課題を解決するものだったのである（**図20**）。

それが、２０１０年くらいからのＳＮＳの普及で変化してくる。

いままでマスメディアの向こうで見えにくかった生活者個人個人が急に見えてきたのである。彼らの言動がＳＮＳ上で可視化された

図 21

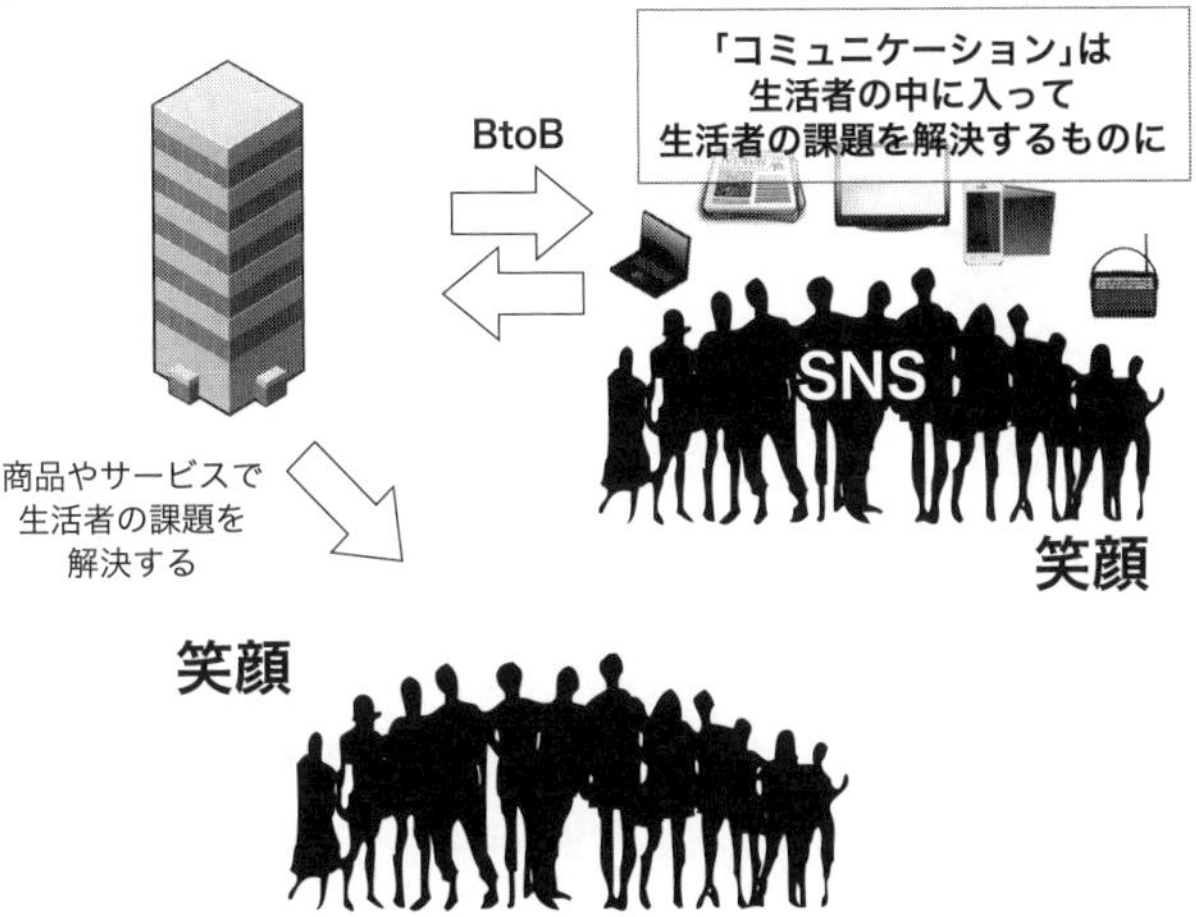

と同時に、彼らと直接やりとりできるようになったのだ。

そして、広告を含む「コミュニケーション」も企業の課題を解決するだけでなく、生活者の中に入って行くこととなった。生活者と直接コミュニケーションして、彼らの課題を解決するものになってきたのである（**図21**）。

たとえば221ページに日本コカ・コーラ社がツイッターで行った事例をご紹介しているが、それは「世界中の人々のからだと心、そして精神をリフレッシュします」というコカ・コーラのミッションに即したコミュニケーション活動だ。

つまり、コカ・コーラという商品自体は「からだと心、そして精神をリフレッシュ」

図 22

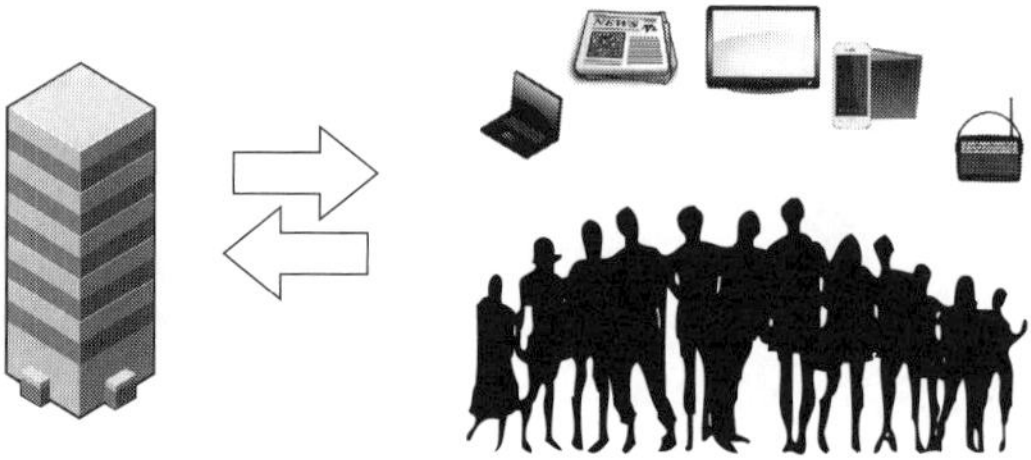

コミュニケーション活動は
生活者の中で機能し、
生活者の課題を解決する
企業の商品・サービスのひとつ

図 23

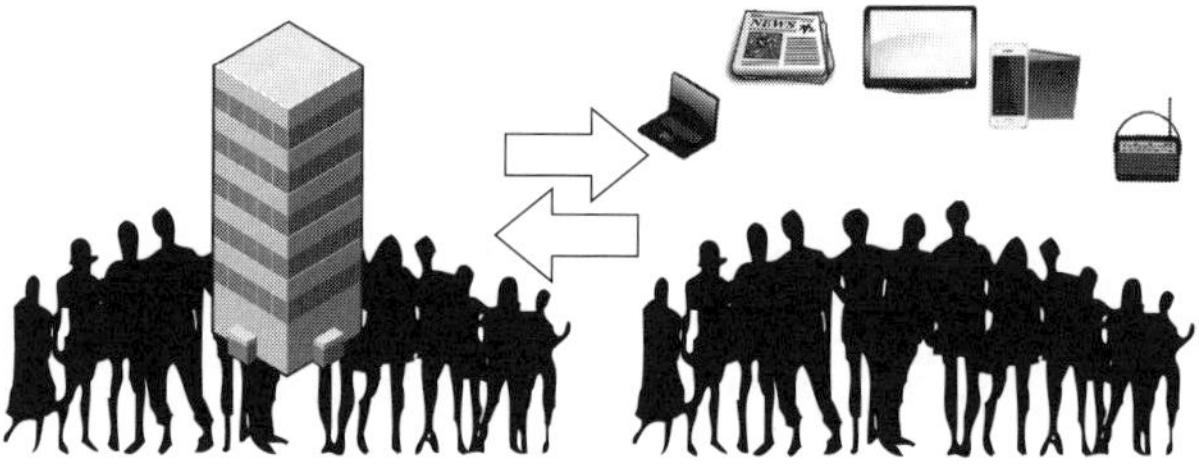

社内の「共感」＝社外の「共感」

社内の生活者と、社外の生活者は、つながっている！

するためにあるのだが、日本コカ・コーラ社のコミュニケーション活動自体も「からだと心、そして精神をリフレッシュ」するためにあるのである。そう、届けている情報も彼らの「商品」なのだ。彼らのミッションに関わる企業活動なのである。

こうなってくると、**図22**のようにもっとシンプルに整理できる。**図21**みたいに人々を離して置いておく必要がない。合体させよう。

そう、コミュニケーション活動は生活者の中で機能し、生活者の課題を解決する企業の商品・サービスのひとつになったのである。

ここまでは、企業が「社外の生活者」とコミュニケーションをとっている図だ。

ただ、考えてもみてほしい。

もう社外の生活者と社内の生活者はつながっちゃっているのである。

SNSを中心に、そのつながりが可視化されてしまったのだ。

それが**図23**である。

ネットやSNSが普及したこの時代、社内と社外はもう別領域ではない。

社内の生活者（＝社員）と、社外の生活者（＝社員の友人知人や家族。そしてその先にいる大勢の人々）がソーシャルグラフでつながっているのである。

そしてその会社のことを（いいことも悪いことも）いろいろ話しているのである。

つまり、**企業は「社外の生活者」**とのみコミュニケーションをすればそれでいい、ということではない、ということだ。

「社内の生活者」、つまり社員に対してもきちんとコミュニケーションして共感を得なければいけないのである。

「社員にはコンプライアンスというものがあり、めったやたらに社外に社のことを話さないようにきちんと教育してある」などと経営者はおっしゃるかもしれない。

たしかに、教育が行き届いていれば、企業秘密について話すことはしないかもしれない。ＳＮＳ禁止令を出すことも可能だろう。

でも、彼らの口に戸は立てられない。

ポジやネガな「印象」や「感想」をリアルで話すことを止めるのは不可能だし、正社員だけでなく派遣社員やアルバイト、ＯＢ、ＯＧ、インターンに来た就活学生に至るまで、すべてをコントロールするのは不可能だ。

いや、無理矢理コントロールしようとした時点で、そのこと自体がネガな印象として社外に大きく広がってしまうだろう。

砂一時代は透明性の時代でもあるのである。

ただ、そんなに恐れる必要はない。

というか、本来は「味方」である人々なはずなのだ。

きちんとインナーコミュニケーションをして社員の共感を得られれば、彼らは逆に「最強のファン」として、ポジな共感を、社外の友人知人にオーガニックな言葉で言ってくれるのである。

「いやー、うちの会社、とても居心地いいんだよ〜」「今度うちから出た新商品、みんなで必死に開発したの。自信作。買ってね！」「うちの会社、誕生日に記念品と有休くれるんだよね。いいでしょ？」など、その会社への共感や好感が、オーガニックな言葉で社外の友人知人に染み出していくのである。

逆に社員たちの共感が得られない企業は、どんなにいい商品を作っていようが、その落胆と失望が彼らのソーシャルグラフを通して染み出してしまう。そして社外の一般生活者の耳に届いてしまう。

「あの会社、実はこんなところらしいわよ」「へー、良さそうな会社に見えたけど、ひどいものね」

このボディブローは、じわじわ効いてくる。

いい商品に見えていたものが、だんだんネガな印象になってくる。

その商品以外にもたくさん似たような他社商品はあるのだ。わざわざそれを買うこともない。

そうやって買うのを止めた商品が、ボクにもたくさんある。

だって、ボクにだってたくさん友人知人がいて、彼らは様々な会社に勤めているのである。SNSなどを通して日々いろんなカタチで彼らの会社の評判が入ってくるのだ。そりゃそうだ、彼らは一日の大半をその会社で過ごしている。明確なネガの言葉でなくても、言葉の端々からその会社の印象は届いてくるのである。

とはいえ彼らも社員である間は多少遠慮してはいる。が、会社を辞めた途端、溜まっていたものを一気に吐き出したりする。コントロールしようとするのは諦めよう。どだい無理なのだ。

誠心誠意、社員と向き合うしかない時代なのである。

社員は自分の会社を愛したがっている

もともと自分の親しい友人がある企業に勤めているだけで、ボクたちはその企業に少し好感をもっている。

好感までいかないとしても、少なくとも親近感はもっている。

そして、その友人が自分の勤めているその企業を褒めたりすれば、その好感は否応なく増す。「へー、いい会社なんだー」と素直に受け止める。その企業に対する好感度はいきなりアップする。

そして、他の友人知人に「あの会社、すごくいいらしいね」とオーガニックな言葉を言いたくなる。

これはいわゆる「広告効果」でいうとものすごいものだ。

何千万円をかけた広告キャンペーンをしても、こんな好感度、なかなか獲得できないのである（まぁ砂一時代だともともと届かないんだけどね）。

逆に友人が自分の会社を悪く言ったら、いかにいい商品を出していても、いかに広告でイイコトを言っていても、好感度はダダ下がりだし、「なんかあの企業ってブラックらしいよ」とオーガニックに言いたくなってしまう。

そうならないためにはどうしたらいいか。

大丈夫。

始まりはポジティブなのである。

思ったより難しくない。

なぜなら、**社員たちはもともと自分の会社を愛したがっている**からだ。

自分の人生をそれなりの期間預けるのだ。最初から嫌うために入る人はいない。

であるなら、その愛したがっている彼らにちゃんと愛されるよう、会社の方向性と環境を整えればいい。それらが整ってさえいれば、彼らはモチベーション高く応えてくれるであろう。

そのために必要なのが、ミッション、ビジョン、コアバリューの整備である。

ミッション（自分たちがなぜ存在しているのか。果たすべき使命は何か）
ビジョン（どんな自分になりたいか。将来あるべき姿は何か）
コアバリュー（自分たちが共有している価値観は何か。行動基準は何か）

愛したがっている社員とともに、この会社がなぜ存在していて、どうなりたいのか、どういう価値観で行動するのかを共有し、同じ目的に向かって進むのである。

目的地が決まっていない航海ほど不安なものはない。懸命に漕いでもやり甲斐がない。そのうちそれぞれがばらばらに漕ぎ出す。あっちだこっちだと右往左往する。漕いでも漕いでもどこにも着かないから疲弊する。小舟に乗って逃げ出すものも多く出てくる。

航海をすばらしくするものは、明確な目的地とその目的地への期待と夢。そこに向かってちゃんと進んでいるという実感。そしてみんなで一緒に漕いでいる一体感だ。

企業がそれらを提供できれば、社員はちゃんとファンになってくれる。同じ目的をもつ乗組員としてモチベーション高く自ら行動しだすことだろう。

そしてその共感は社外に染み出すし、船自体の評価も高くなる。

そのうえ、その目的地への期待と夢は、社外の生活者も共有できる。

そんなところに辿り着けたらすばらしいだろうなぁと、社外の生活者も期待し夢を共有するのである。

そしてその航海への期待と夢を、オーガニックに口にしやすくなるのである。

たとえば、明確なミッションを掲げる企業があり、それにボクが一般生活者として共感しているとき、ボクはその企業や、その企業の商品のことをオーガニックに広めたくなる。そして「企業活動に参加している」ような喜びを覚える。それは後述するGにも通じる感覚だ。

つまり、ミッション、ビジョン、コアバリューは、社員のために示しているようでいて、実は社外に対しても大きく影響を与え、一般生活者のオーガニックな言葉を引き出しやすくするのである。

この辺についてこのまま書いているときりがないので、参考図書を4冊ご紹介したい。
『ザッポス伝説』（トニー・シェイ著／ダイヤモンド社）
『エンパワード』（ジョシュ・バーノフ＋テッド・シャドラー著／翔泳社）
『ソーシャルシフト』（斉藤徹著／日本経済新聞出版社）
『BEソーシャル！』（斉藤徹著／日本経済新聞出版社）
どれも必読だと思う。
社員を「最強のファン」とし、彼らからオーガニックな言葉を言ってもらうためには、社内の環境や経営を見直すことが実は一番近道なのである。
このあとBからGまでご説明していくが、このAが整わないと、実は表面的かつ小手先の手段になってしまう恐れがある。
人間と一緒だ。
内面を整えずに外面《そとづら》ばかり良くしても、日々つきあうとすぐわかっちゃうのである。
特にファンは、企業の近くにいてくれる存在だからこそ、すべて見透かしてしまう。
まず内面を磨こう。
この透明性の時代に耐え得る自分になろう。
そして等身大で誠実なコミュニケーションを心がけよう。

それこそがこの時代の最良最善の戦略なのである。

(B)ファンをもてなし、特別扱いする。

二番目は肌感覚で理解しやすい考え方である。

ファンをもてなすのである。ファンを特別扱いするのである。

そりゃファンは喜ぶ。

喜んでそのもてなしや特別扱いを友人知人にオーガニックに言いふらしたくなる。

そうなるように「ファンの気持ちをきちんと汲んだ最適のもてなし・特別扱い」をちゃんとしよう、ということである。

『グレイトフル・デッドにマーケティングを学ぶ』(デイヴィッド・ミーアマン・スコット+ブライアン・ハリガン著/日経BP社)という本がある。

この本にはファンをどうもてなし特別扱いするかのエッセンスが書いてある。

これまた必読だ。

グレイトフル・デッドは、言うまでもなくアメリカの老舗ロックバンド。

彼らは1965年の結成以来、ひたすら愚直にファンだけを大切にしたのである。

ビートルズやローリング・ストーンズが派手にメディアに乗りアルバムを売っていた中

で、地道にツアーを続け、ファンと個々にコミュニケーションし、ファンの希望をかなえ、役に立ち、もてなし続けたのである。

ファンのリストを作り直接つきあった。

ライブをファンが録音しても許した。

許すどころか、録音に最適な場所まで毎回提供した。

録音したものをファンたちがコピーしたり二次創作したりするのも許した。

チケットは中間業者を入れず直接ファンに売った。

最前列の一番いいチケットを最も熱心なファンが買えるようにした。

ファンへのサービスとしてライブは毎回セットリストが違い、しかも長時間の即興演奏を信条とした。

などなど。

枚挙にいとまがないが、この本から数フレーズ、引用してみよう。


グレイトフル・デッドは、顧客や消費者に対し、配慮と敬意を持って接することを教えてくれる。だが、**多くの企業は、新しいお客さんを獲得しようとする一方で、昔からの忠実なお客さんを最優先するのではなく、無視している。**ビジネスを成長させるのは大賛成だが、既存の顧客や消費者の気持ちを犠牲にしてはならない。

情熱的なファンが、会社や製品のことをほかの人に話し、そのアイディアを広めてくれる、ということを忘れてはならない。情熱的なファンは、何年も繰り返し自社の商品を買ってくれるのだ。

たとえば、グレイトフル・デッドは、いつもチケットの販売を真っ先にファンに知らせた。ライブで良い席を確保するためには、バンドの動きを常に追い、公演スケジュールを知っていなければならないので、ファンの忠誠心は強くなった。

新しい特別価格やサービスの情報を、真っ先にメディアに知らせる企業は多い。自分が運転しているクルマの最新モデルが出たときに、自動車メーカーや販売店から知らされるのではなく、新聞や雑誌を読んで知ることがよくある。**なぜ、メーカーや販売店は「ご愛顧いただいているお客さまに限定で」注目の新モデルの試乗会を開かないのか、僕たちは不思議に思う。**忠実な客を無視するのは自動車メーカーだけではなく、ほかの業界でもよくあることだ。

企業はビジネスのやり方をひっくり返す必要がある。**ファンである既存のお客さんを優遇し、情報を最初に知らせるべきだ。自社に対して時間とお金を費やしてくれている人に、「あなたは大切な方です」と知らせよう。**

「口コミ」こそが、グレイトフル・デッドのファンが増えるのに役立った重要な要素である。**友達が友達に伝え、それぞれがまた友達に伝えることでファン層が膨らんでいった。**

※太字はいずれも筆者

砂一時代みたいに情報が溢れかえるずっとずっと以前の1965年から、グレイトフル・デッドはファンベースを貫いてきた。

他のロックグループがマスベースで派手な活動を続けているのを横目に、愚直すぎるくらい愚直にファンと向き合っていたのである。

だから、世界的なヒット曲は少ないのに、彼らはいまでも生き残っている。

いや、生き残るどころかデッドヘッズという熱狂的な追っかけファンを多くかかえ異様な人気を誇っているし、「ローリングストーン」誌が選ぶ史上最も偉大な100組のアーティスト」で57位に選ばれているくらい支持されているのだ。

彼らは「忠実なファンを大切にすること」がいかに重要かを感覚として知っていた。

そして、ここまで読み進めてくれたあなたももう「それがなぜ重要なのか」をご理解いただいているはずである。

ファンをもてなし、特別扱いする。

すると、そのファンたちが周りの友人知人にオーガニックな言葉で、時に熱狂的に勧めてくれる。

それは面倒で効率が悪く、速効性もないように見えるかもしれない。

数百万人に派手に伝えたマス広告などと比べると、数十とか数百のファンをもてなすなんて、地味すぎて地を這いずる仕事にしか見えないかもしれない。

特に「伝える仕事」に携わっている方々は、マス広告全盛な派手な時代を知っている方が多いだけに、そう感じてしまうかもしれない。

でも、コミュニケーションの目的、つまり「伝えたい相手を笑顔にする」ことを考えるとき、実はファンをもてなすことほど、笑顔を作ることはない。

ファンはその情報を伝えてもらいたがっているのだ。

その情報を届けると確実に笑顔になってくれる人たちなのだ。

「伝える仕事」に携わる人にとって、これほどやり甲斐があることが他にあるだろうか。

ボクは、いい時代になったな、と、素直に思う。

ボクたちはようやく、相手の笑顔を作り、その笑顔に触れられる時代を迎えたのだ。

ひとつ、日本コカ・コーラ社がツイッターでファンと色濃くつきあっている例をご紹介したい。

コカ・コーラは、言うまでもなく、世界最大級の企業である。世界で毎日数億杯飲まれているというから驚きだ。

その巨大企業の日本公式アカウントが「個人ファン」に向かって大変手間のかかるツイ

ートをしている。

何をやっているかというと、たとえば、ある人が「友だちから誕生日プレゼントもらったー！　瓶コーラ！　私の好みをわかってくれてるね！」みたいなツイートをしたとする。

そのツイートに対して、公式アカウントが「HAPPY　BIRTHDAY！　○○さん！　ハッピーで溢れる素敵な一年を過ごせますように！」などとツイートを返すのである。しかも、その人専用に凝ったグラフィックまで添付して。

それをひとりひとりに内容をいちいち変えてやっている。

毎日毎日やっている。

もっと知りたい方は「コカ・コーラ　ツイート　すごい」とでも検索してみてください。いろんなまとめサイトが出てくるだろう。

これはコカ・コーラ社の担当者とそれを手伝っている広告会社のスタッフが、ツイッター上で「コカ・コーラについてツイートしている人」をリアルタイム検索し、それらのツイートをきちんと読み、コカ・コーラを愛してくれている「ファン」が書いているものをピックアップし、それについてコメントとグラフィックを個別に作りツイートするという一連の作業を毎日やっている、という事例だ。

これをするための体制は生半可なことではないが、そういう裏側は置いておいて、これ、ファンを大喜びさせることだけは間違いない。コカ・コーラ公式アカウントに祝われる体験は、ファンにとってきっと一生忘れられない出来事になるだろうし、友人知人に喜んで伝えるだろう。

まぁ中には「怖え〜。オレのツイート、公式アカウントに読まれちゃってるの〜?」と嫌がる人もいるかもしれないが、その人の前後のツイートをしっかり読み込めば嫌がりそうなタイプかどうかはわかる。

つまり、前後ツイートを丁寧に読むことを含め、コカ・コーラみたいな何億人もファンがいる企業ですら、個々のファンにきちんと向き合っているということだ。ひとりひとりのファンに向けて、彼らが喜び、より深いファンになってくれることを考えて、地道に愚直に運営しているのである。

大変ではあるが、とても幸せな仕事だとボクは思う。

地道に愚直に運営する、という意味において、コミュニティや会員用のクラブ(リアルもネット上も含む)、ファンクラブやファンイベント、マイレージ的なポイントサービス、丁寧なダイレクト・マーケティング、コールセンターなど様々に「もてなし、特別扱いする」手段が考えられる。

それらは一見地味に見えるし、実際おざなりに運営されている場合も多い。でも、本来は（コカ・コーラがファンに対してやったように）愛と工夫に溢れる運営をすべきだし、そうするとどんどん幸せな仕事に変化していくと思う。

だって、相手はすでにファンなのだ。

ファンを喜ばせる。これほど幸せな仕事はない。

ちなみに、拙著『明日の広告』で第五章丸々使ってご紹介したスラムダンク一億冊感謝キャンペーンの企画も「ファンをもてなす」ということに徹した事例である。

この本で再掲する余裕はないが、もし本をお持ちの方がいらっしゃったらもう一度読んでみてください。

ファンだけを見てプランニングしているのを感じていただけると思う。

(C)生活者との接点を見直す。

7つの例の中で、唯一「ファン」という言葉が入っていない項目だ。

なぜかというと、「生活者をファンにする」のと「ファンからオーガニックな言葉で言ってもらう」ことを同時に達成してしまうからである。

ちょいポチャ男子やA車の例でも書いたが、ファンを探し出すのはわりと難しい。

そして、探し出したファンからオーガニックな言葉を言ってもらうのはもっと難しい。

でも、生活者がファンになると同時にオーガニックな言葉を言ってもらいやすくなる、という夢のような状況は作ることができる。

それがこの「生活者との接点を見直す」ということである。

代表的な例として、スカンジナビア航空とザッポスを挙げてみたい。

両方とも本になっている。

前者は『真実の瞬間』（ヤン・カールソン著／ダイヤモンド社）、後者については216ページでご紹介した『ザッポス伝説』（トニー・シェイ著／ダイヤモンド社）をオススメしておく。

まずはスカンジナビア航空。

題名の『真実の瞬間』とは、以下の引用で解説されている。


一九八六年、一〇〇〇万人の旅客が、それぞれほぼ五人のスカンジナビア航空の従業員に接した。一回の応接時間が、平均一五秒だった。したがって、一回一五秒で、一年間に五〇〇〇万回、顧客の脳裏にスカンジナビア航空の印象が刻みつけられたことになる。その五〇〇〇万回の〝真実の瞬間〟が、結局スカンジナビア航空の成功を左右する。**その瞬間こそ私たちが、スカンジナビア航空が最良の選択だったと顧客に納得させなければならないときなのだ。**

※太字は筆者

これは「すべての接点がファンを作るきっかけである」ということを表している。利用してくれている生活者がその企業に接する接点を「真実の瞬間」(Moments of Truth)と呼び、そこでの印象をなによりも大切にすることによってファンを作っていくのだ。すべての接点が、それを利用する生活者を熱狂的なファンにする可能性を秘めている。実際、著者であるスカンジナビア航空グループ最高経営責任者は、顧客との接点を大切にすることで、赤字だった航空会社をわずか一年で黒字に転換させたのである。

わずか一年である。

逆に言うと、生活者との接点を見直すことは、そのくらい効果的だということだ。

また、ザッポスの例は有名だ。

このネット上のシューズ・ショップは、いろんな意味で革新をくりかえした会社だが、ファンベース的視点でみると、まさに生活者との接点に最大限の力を注いでいる。

ザッポスの特徴はカスタマーサービスにある。

彼らは広告に費用をほとんどかけず、その費用をカスタマーサービスに回している。生活者との接点こそが、最大最高の広告だと知っているからである。

その接点において、利用者に「忘れられないサービス」をすることで、強力なファンを作り出す。そして彼らからオーガニックに「ザッポス体験」を広めてもらう。

これがどれだけいい影響を及ぼすか、彼らは知っているのである。

たとえば、ザッポスの商品は、送料無料かつ返品も無料だが、彼らはこれをコストではなくマーケティング費用と考えている。これがザッポス体験につながり、ファンを作り出すからだ。

また、コールセンターもファンを作り出す重要な装置として利用している。

ザッポスにおけるコールセンターは、スカンジナビア航空における「真実の瞬間」と同じものである。つまり、利用者との接点であり、一対一で対話できる貴重な時間と捉えているのである。

だから効率を考えず、コールセンターのオペレーターは「何分でも、何時間でも顧客と話してもいい」と許されている。

たとえばクレーム処理は、対応によって「ピンチがチャンスに変わる」。

なぜなら、怒って（もしくは困って）電話してきたのは「利用者」であり、その利用者との電話やメールは「真実の瞬間」だからである。

その接点で忘れられないようないい体験を提供できれば、その人は一転、強く好感をもつファンとして味方に回ってくれる。オペレーターたちは利用者の事前期待を上回るような最高の体験を利用者に提供し、熱狂的なザッポス・ファンを作っていくのである。

本から一節だけ引用してみる。

私たちの顧客は一生にどこかの時点で少なくとも一度は私たちに電話をかけてくることを知っているので、私たちはその機会を使っていつまでも記憶に残る思い出を生み出すように心がける必要があるのです。

個々の「生活者との接点」は小さい。

でも、そこでの体験は、企業への印象を根底から変え、彼らを大ファンにジャンプアップさせる可能性を秘めている。

ここに来てまだ「とはいえ『たった一人』が味方に回ってくれても仕方がないだろう。その一人のためにどんだけ予算かけるんだよ。それよりテレビや新聞で好感度があがるような記事が出たほうが……」というような疑問を呈する人がいるかもしれない。

そろそろそういう「量」で測るのはやめよう。

たった一人が「企業の味方」として周りの友人知人に話してくれることこそ、砂一時代のソリューションなのである。

ファンは塊としてどこかの場所にいるわけではない。ひとりひとりなのだ。そういうひ

図 24

とりひとりの積み重ねが大きなうねりになっていく。

前項のコカ・コーラなど、まさにそういう活動ではないだろうか。

写真（**図24**）は、ボクの友人が自分のフェイスブックにあげたものである。

右の写真は、有名ブロガーでもある清田いちるさんが彼のブログ「小鳥ピヨピヨ」に載せ、フェイスブックやツイッターにも共有したもの。そしてこんな文章が載っている。

> スターバックス赤坂店で、咳き込みながら（風邪は治ったのですが咳だけ残っているのです）注文したら、カップにこんなことが書かれていました。
>
> ごめん、悪いけど惚れたわ！
>
> これが『おもてなし！』ってヤツか……。
>
> 店に『いいね！』ボタンがあったら、きっとへぇボタン並に連打していたことでしょう。これからしばらくはスタバ通いになり

そうです。

※文章一部改変

左の写真は、スターバックス代官山蔦屋書店で、友人の辻貴之君が体験し、フェイスブックに共有したものだ。

なんと、彼と彼のお子さんの似顔絵を店員がカップに描いてくれているのである。彼によると毎回いろいろなことを書いてくれるそうである。それを彼は感激し、次々に投稿している。

そう、こうした接点においてすばらしい体験をすると、人はそれを友人知人に言いふらしたくなるし、ボクたちは彼らの言葉により、その企業や商品の印象を大きく変える。彼らのオーガニックな言葉こそ、新たなファンを作っていくのである。

ボクのSNSにも、たまに「○○のお客様センターの対応が神で大ファンになった。こんな対応をする会社の製品が悪いわけがない！」とか「メーカーから手書きの手紙が届いた！　感動して大好きになった」とかの感想が投稿されている。そしてそれを読んだボクの脳には、友人知人への共感を伴ってその会社に対する好印象が刻みこまれている。そして、その会社の話題になったとき、「あー、あの会社ってすごくいいらしいね。ボクの友人がさあ……」とオーガニックに話したりするのである。

リアルな接点だけでなく、ネット上の接点もいっしょだ。ツイッターやフェイスブック、LINEやインスタグラムなど、生活者との接点を見直し充実させることは、いますぐ手を着けないといけない喫緊の課題である。なにしろその接点を疎かにすると日々利用者は離れていくし、大ファンに出来たかもしれない利用者を取り逃がしていくことにもつながるのだ。

そういう意味において、SNS担当者も、現場の人々同様、いまや企業の「真実の瞬間」を握っている。大切にしてしすぎることはない。

企業全体を俯瞰してバランス良く対応できる優れたSNS担当者は業界的に枯渇しているが、もしラッキーにもそういう人が見つかったら、それはその企業の「宝」となる。砂一時代の生活者に真剣に向き合うのなら、そういう人こそ厚遇すべき存在であるとボクは思う。

(D)商品自体を見直す。ファンと共創する。

接点を見直すことの次は商品自体を見直すという切り口である。

簡単に言うと、その商品やサービスが「ファン本位で作られているかどうか」をちゃんと見直そうということだ。

つまり「新たに取りたい新規のお客さん」ではなく、「愛用してくれているファンのことをちゃんと見ているか」ということである。

ボクは、もうここ15年ほど自家用車を持っていないが、まだ日常的にクルマに乗っていたころ、主に外国車を選んでいた。

高級感があるとか見栄が張れるとかそういう理由ではない。

デザインに一貫性があって、それをコロコロ変えないからである。

ボクはクルマをデザイン重視で選んでいて、気に入ったデザインのクルマに長く乗りたいと考えている。

でも、日本のメーカーは次々にマイナーチェンジやモデルチェンジをくりかえし、あっという間に「自分が気に入って乗っているクルマが古い型になってしまう」のだ。

そして気に入っていたデザインもどんどん変質していき、そろそろ買い換えようと思うころには、名前は同じでも違うクルマみたいな見た目になっていたりする。

この考え方の根底には、新規のお客さん重視の思想が流れているとボクは思う。

そのクルマに毎日乗り、愛し、人生を共に過ごしているファンたちのことを見ているとはとても思えない。

クルマに限らず、そういうデザイン替えやモデルチェンジの多用、新商品の乱発などは、多くの商品で見られることだ。

それは企業側の論理であり、マーケティング本位の考え方だ。ファン本位ではない。

百歩譲って、まだ情報や商品が少なかったころ(2005年以前)はそれでも良かったかもしれない(いまでも砂一時代以前の生活者は喜ぶかもしれない)。

でも砂一時代の生活者に対して同じことをしてはいけない。

彼らにとって、次々出る新商品は(情報と同じく)うざいものなのである。

もうモノもそんなに多くいらないのだ。

飽きが来ないデザインと機能の商品を数品、長く愛す時代なのである。


GAPというアメリカ最大の衣料品小売店はご存じだと思う。

小売業であるが、自社で製品を企画し自社チェーンで売るという仕組みを開発した企業としても有名である。

このGAP、2010年に新ロゴを発表したが、GAPを黎明期から長く支えてきたファンたちの猛反発を受け、わずか1週間で撤回。1988年から使っているロゴに戻したのである。

まぁ新ロゴが格好悪かったというのも大きい。

でも、長くGAPを愛用し、毎日のように着用してきたファンたちにとって、ロゴの改訂は「愛するGAPの変節」であり、裏切りに近かったのである。

ファンにとって、ブランドは「愛する理由がちゃんとある」ものであり、企業がそれを勝手にいじることは、ファンを失うことに近いと企業は理解しないといけない。

もうブランドはとっくに企業のものではなく、それを愛してくれているファンたちのものなのだ。

ファンの意見を取り入れ、共創する

直接的に「ファン本位」を実行する方法もある。

「共創（コ・クリエイション）」という考え方だ。

企業が商品を開発するときに、ファンの意見を聞く、もしくはファンが商品開発自体に参加する、というものである。

別に特に新しい手法でもないのだが、ファンベースにおいて非常に有効だ。

この方法がいいのは、企業がファンの意見を取り入れながら商品価値を再構築できるうえに、ファンからのオーガニックな言葉が起こりやすいのである。

そりゃそうだ。

もしボクがある「大好きな商品」の開発に携われるのであれば、たくさん意見があるとともに（だってその商品とともに生きているんだもん、たっくさん意見をもっている）、自分がそれに関わっていることを友人知人に話したくて仕方なくなるだろう。

そして無事に開発が進み、幸せにも自分の意見がその新商品に反映された暁には、ボクは周りに売り込みすらするだろう。嬉々として宣伝活動するだろう。

だって、うれしいよね？

そうするに決まっている。

ただ、前提として「商品がなんでもいいわけではない」。

大好きな商品でないといけない。

ファンとして日常よく使っていないと意味がない。

ここが大事なポイントだ。

世に共創の例は増えているのだが、「その商品のファンと共創しているか」と言われるとそうでもないものが多い。

募集に応じた生活者をなんとなく起用していることも多いのである。

共創するとき、企業は参加してくれる生活者がファンかどうかをしっかり見極めないといけない。

そうでないと、場当たり的で無責任な意見しか出てこないし、感覚で好き勝手言われてしまう。企業のミッションや商品の長期的な方向性も考えてくれない。

そういう意見ばかりが集まっても「無難な駄作ができ上がるだけ」だ。

企業にとってもファンにとっても、不幸な結果にしかならないのである。

つまり、いま流行りつつある「共創」だが、きちんと「ファンを集める」ことを心がけないと失敗に終わるだろう。

そういう意味において、次にご説明するEは、「ファンを集める」のに向いている。

(E)ファンを発掘し、活性化し、動員し、追跡する。

さて、ファンベースを実行しようとするとき、途方に暮れることがよくある。

その商品やサービスを利用してくれている生活者はある程度見えている。登録してくれていたり、会員になったりしてくれている。でも、たまたまちょっと使ってくれただけなのか、愛用してくれているのか、熱心なファンなのか判断しにくい。いの一番にファンをもてなす必要があるならなるべく熱心なファンをもてなしたいし、彼らとつながりたいのだが、その特定が難しいのだ。

そういうとき、このEのやり方は有効だ。

図 25

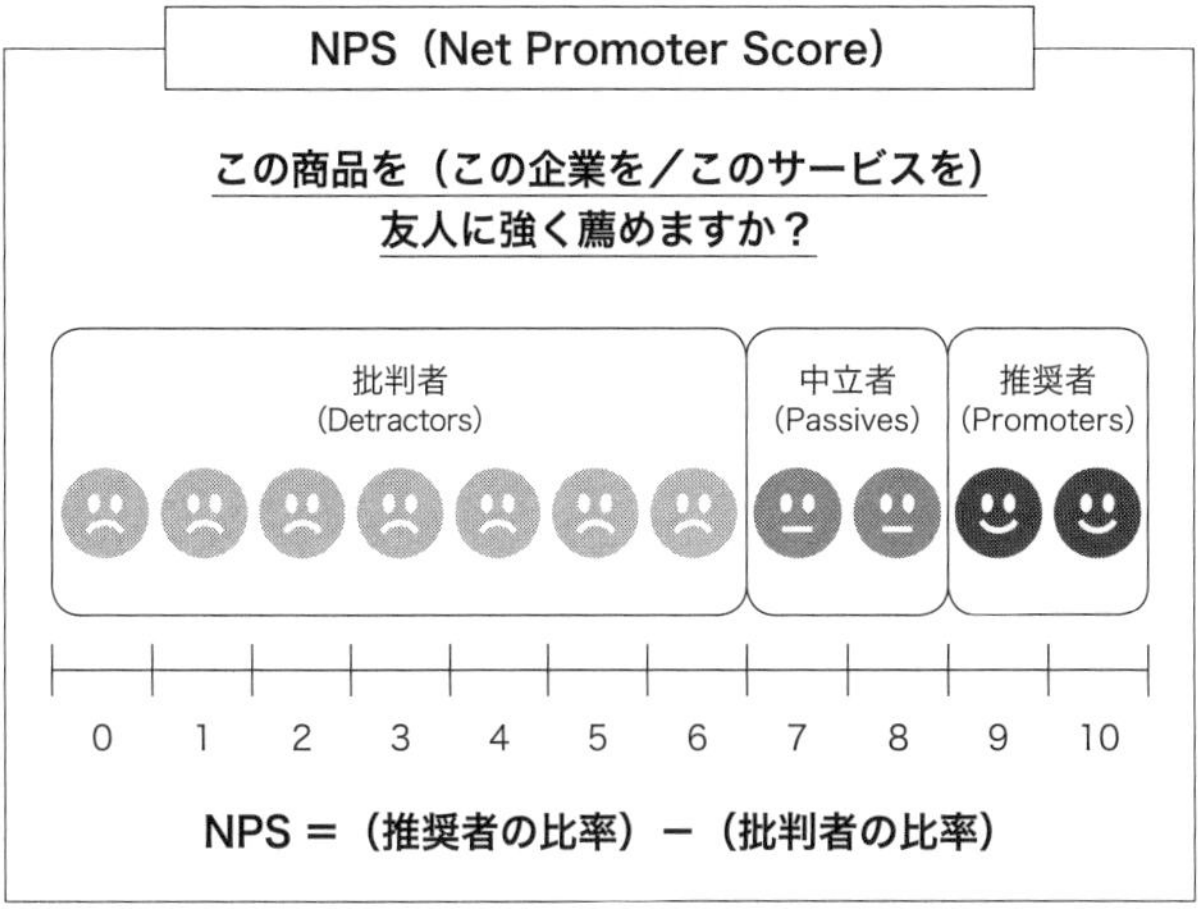

あなたはマーケターの間で「究極の質問」と呼ばれる質問があるのをご存じだろうか。

それは「この商品を（この企業を／このサービスを）友人に強く薦めますか？」という質問である。

これはネット・プロモーター・スコア（NPS）といい、その企業や商品の顧客ロイヤルティ（信頼度や愛着度）を測るときにも使われるが、「ファンを特定する」ときにも威力を発揮する。

NPSは、その商品やサービスを利用した人にアンケートなどで質問する。

図25のように0点から10点までの11段階で聞き、答えた数値によって3つのグループに分ける。

0点〜6点：批判者
7点〜8点：中立者（推奨も批判もしない）
9点〜10点：推奨者

スコアは推奨者の比率から批判者の比率を引いたもので得られる。

つまり「NPS＝推奨者－批判者」である。たとえば推奨者が20％いて、批判者が30％であれば、NPSはマイナス10となる。

9点と10点をつけた人しか推奨者としないのはかなり厳しいなぁと思うが、この推奨者を「ファン」と捉えてコミュニケーションを作り上げていくのが、ファンベース上、最近よく用いられる手法だ。

ここで『アンバサダー・マーケティング』（ロブ・フュジェッタ著／日経BP社）という本をご紹介したい（**注35**）。

アンケートなどでこのNPSを利用し、ファンを「発掘する（特定する）」ところから、この手法は始まる。

そして、メールなどで彼らに連絡をとって「活性化する」のである。つまり、ファンに「この商品のレビューを書いてみませんか？」とか「体験談を書きませんか？」とか「友人に伝えてくれませんか?」など、働きかけるのである。

これは、ちょっと厚かましく感じる。

ただ、NPSで「この商品を(この企業を/このサービスを)友人に強く薦めますか?」と訊いて、9点とか10点をつけた人たちである。もともと「友人知人に伝えたい」という気持ちが強い人たちなのだ。喜んで協力してくれる人もわりと多いようである(もともとアメリカで開発された手法なので、アメリカ人と日本人で気質の違いもあると思うが)。

で、イベントなどに「動員(メールなどで呼びかけて来てもらう)」したり、継続的にファンの思いを「追跡(定期的に意見や感想を聞く)」して方針や施策に反映させたりする。

それら全体をさしてアンバサダー・マーケティングと呼んでいる。

本には事例も豊富に載っているのでぜひ読んでみてほしい。

また、最近の日本の事例だと、ネスレ日本が行った「ネスカフェ・アンバサダー・プロ

注35 この本の原題は「ブランド・アドボケーツ(Advocates)」という。アメリカではアンバサダーという言葉を使わず「アドボケーツ」という言葉を使っているのだ。アンバサダーは「大使」と訳し、アドボケーツは「代弁者」と訳したりする。自発的に動いてくれるファンのことなので、アドボケーツのほうがニュアンスは近いと思うが、この本の監修者によると、日本ではあまり馴染みのない単語であるので、比較的マーケティングで使われているアンバサダーという言葉を使用した、ということである。

グラム」が秀でていると思う。

検索するとたくさん解説が出てくるので、一度読んでみることをお勧めする。

ちなみに、Dで書いたように、NPSでファンを発掘・特定することは、企業といっしょに「共創」する相手を探すのに役立つと思う。

また、発掘し、活性化し、動員し、追跡するという過程の中の「追跡」は、ファン本位で商品開発するときにとても有効だ。

ファンの思いを継続的に傾聴（リスニング）し、商品開発やコミュニケーション施策に活かしていくのである。

メールアドレスなどのコミュニケーション・アカウント（メールやSNSアカウントなど）を入手しているので、継続的に接触できるのがいいところである（注36）。

(F)ファンと共に育つ。ファンを支援する。

6つめは、ファンと共に育つことでオーガニックな言葉を引き出すやり方である。

先にご紹介したグレイトフル・デッドはその典型的な例のひとつではあるのだが、日本でもAKB48という成功事例がある。

AKB48の手法は様々に語られ、否定的なことを言う人も多いのだが、ボクは巷で考えられているような「クレバーな商法」というよりは、「ファンだけを見つめ続けた、とても地道で真面目で誠実なやり方」だと感じている。そういう絶え間ない努力がこのグループを成功に導いたのだと考えている。

ＡＫＢ48は、デビューからブームになるまで約5年かかっている。

彼女ら、そしてスタッフたちがこの5年で何をやったかというと、地道かつ真面目かつ誠実に、「熱狂的なファンを育成した」のである。

その象徴は「会いに行けるアイドル」というコンセプトを体現した、秋葉原のＡＫＢ48劇場だろう。

定員たった２５０名の小さな劇場だ。

まず秋葉原という立地。

ここはのちにＡＫＢ48のコアファンとなる人たちがすでに集まっていた場所であった。「ファンを見つけ出す」「ファンが集まる」には最適な場所だったのである。

そして、この劇場で特徴的なのは、来場するのが「ほとんど固定の熱狂ファン」という

注36　これも人によっては「うざい」と思う人がいると思うが、前提としてＮＰＳで9点とか10点をつけた人なのである。もともと大ファンなのだ。企業からの継続的接触も受け入れてくれるタイプの人たちなのである。

ことである。

だって250名しか入らないのだ。

一般ファンがふらりと来て入れる大きさではない。

そして、どんなに人気が爆発しても、この小さな劇場から離れなかった。

熱狂的ファンの目の前に立ち続けたのである。

そう、新規顧客などではなく、既存顧客、それも「熱狂的ファン」のみを大切にする戦略をとっているのである。

熱狂的ファンをもてなすことも忘れない。

最長一日6時間の握手会や撮影会である。

これなど、ファンじゃない人たちから見ると「なにやってんだ?」と思うかもしれないし、従来型広告マンが見たら「そんな非効率的なことをしているヒマがあったらテレビとかに露出させたほうがずっといい」と思うであろう。なぜなら来てくれているのは「すでに熱狂的ファン」なのだ。従来の発想からしたら「安全牌」であるし、「ファンでない人を狙わないとパイは増えない」と思われてきたからである（その発想がなぜダメなのかは164ページ参照）。

でも、彼らは「ファンが何を一番喜ぶか」を考え抜いてもてなした。

結果、熱狂したファンたちは、友人知人にＡＫＢ48のすばらしさ、劇場や握手会での感動的な出来事などを熱心かつオーガニックに語ってくれる。

ネットのサイトや個人ブログなどでも熱く語ってくれる。

で、そのオーガニックな言葉がＡＫＢ48に興味関心がなかった人の心を動かしていく。

そうやってファンが増えていくのである。

しかも、スタッフたちは、ちゃんとファン同士がつながってより熱狂を強めていく場所をネット上やＳＮＳ上にたくさん用意した。新しいツールも次々導入した。

ファンが集えるコミュニティはもちろん、参加できるダンス動画なども次々作成した。

ＡＫＢ48のステージでの並び順までファンに決めさせた（ＡＫＢ48選抜総選挙）。

そうやって「ファンと出会い、ファンとつきあい、ファンを育て、ファンに育てられ、それらが次のファンを作り出す」というサイクルを回しているのだ。

結果、ファンのＣＤ購入枚数は、一人当たり平均8・3枚である。

もちろん１００枚以上買っている「超熱狂ファン」がたくさんいるから平均枚数が上がっていくわけだが、そういう超熱狂ファンを育て、キープしているアーティストがいったいどれくらいいるだろうか。

そして、ブームまで約5年、地道かつ真面目かつ誠実にファンとつきあうような根気がある企業がいったいどれくらいあるだろうか。

握手券やAKB48選抜総選挙投票権などがついたそのCD販売方法を「ファン心理を利用した小ずるいやり方」と批判する人もいるが、その人たちは「ファンは純粋に応援したいのだ」という視点を忘れている。

ファンは喜んでお金を払い、自分の推しメン（イチ推しメンバー）を応援するのだ。お金を使うことが応援になっているわけである。それはそんなに批難されることではなく、ファンのことを徹底的に考えた結果でもあるのである。

当たり前の話ではあるが、ファンを大切にしているアーティストたちは、誰もファンを「既存顧客」とか呼ばない。

彼らはファンを味方と捉え、「長く応援してくれ、友人知人に勧めてくれる人」として大切にしている。売り上げは後でついてくるのだ。

そういえば、一時期ブームを起こしたペ・ヨンジュンも、ファンを「家族」と呼んで大切にしていた。

部外者は「ファンが家族とか、よくも白々しく……」と思うかもしれない。

余計なお世話だ。

ファンを大切にする、ということは、ファンにしかわからない文脈を共有するということとだ。部外者にどう思われようがどうでもいいことだと思う。

他にも、サッカーのFCバルセロナのソシオ（ファン自体がオーナーという運営組織）や、広島東洋カープのカープ女子を生んだ運営など、ファンを育て、ファンと育つ事例はいろいろある。

これらアーティストやスポーツの例は、企業活動の参考にならないと思われる方もいるかもしれない。ただ、趣味性・嗜好性の強い商品や高関与商品、そして小さな小売店などは、これらの例から学べることはたくさんあるはずである。

潜在ファンを探し出し、ファンにして、支援する

「潜在ファンを探し出し、ファンにして、支援する」という働きかけをする方法もある。

アメリカの三大ネットワークのひとつ、CBSの例をご紹介しよう。

CBSはそれこそ何百万人、何千万人を相手にする巨大放送網のひとつである。広く大勢にブロードキャスティングするマスメディアの権化みたいなところである。でも、すでにそういうところですらファンベースに舵を切っている。

ある友人がそこで話を聴いてきたが、みな「ファンベース」という単語を頻繁に使い、実際にそういう施策を実行しているそうである。

簡単に言うと、何百人かのファンをまず作り、そこを核に広げていくという手法をとっているのだ。

CBSの「ゴースト～天国からのささやき」（日本でも放送）というドラマ番組の事例である。

金曜夜8時といういい時間に流れるこのドラマは、ゴーストが見えて会話もできるという主人公がこの世に未練をもつゴーストの思いや願いを解決してあの世へ導くという（まぁなんというか、わりとありきたりな）ストーリーのものである。

このセカンドシーズンのオンエアをテコ入れするために彼らが行ったのは、まず熱心なファンを何百人か作る、ということであった。

何百万人、何千万人に見せたい番組に対して、たった何百人から始めるというのがこういう巨大放送網としては画期的だと思う。

彼らは若者の視聴を増やしたかった。

ファーストシーズンでは若者の視聴が奮わなかったのである。

なので、ストーリーから考えて、まずは「心霊オカルト好きな若者」をファンにしようと考えたのである。

で、いくつかの大学で心霊オカルト好き大学生を集めたパーティをすることにした。

少ない予算の中、まずTシャツメーカーとタイアップしてTシャツを5万枚作った。ドラマの第1話・第2話についてのキーワードが書かれているTシャツである。

その上で、各大学で、Tシャツを着て第1話・第2話を見るパーティを開催したのである。参加条件はブログなどに投稿してくれること。それを条件にTシャツを配布した。

この事例が残念なのは、無理矢理投稿させたことだ。

全然オーガニックではない。

本来は「投稿したくなるようなイベントにする」のがより正しいと思う。

人はいい体験をしたり、特別なものに参加したりすると、友人知人に言いたくてたまらなくなる。その心理を信じ、ちゃんともてなすほうがよかった。

ただ、彼らはそこを起点として、地道に「ファンへのもてなし策」を打ち、ファンがこの番組を広げやすいように支援したのである。

番組の中で使われた商品を買えたり、全米の心霊スポットを訪れることができるオリジナルゲームをネット上に作ったりして、彼らがネット上に広げやすいようにした。

また、番組のスピンアウト動画を公開したり、二次創作を許したりして、どんどんファンからのオーガニックな言葉を後押しした。

そして、小さな波紋は大きな波となり、大きなうねりとして世の中に伝播していったのである（注37）。

（G）ファンとビジョンを分かち合う。

さて、最後は主に「ＣＳＶ」の話である。

ＣＳＶとは「Creating Shared Value」の略で、訳せば「共通価値の創造」であろうか。

そう、小難しい。

すっごく簡単に言うと「企業が、慈善活動的に社会貢献活動をするのではなく、ちゃんと利益を出しながら、社会的な課題を解決する活動を（生活者とともに）する」ということだ。

例を挙げるほうが早いかもしれない。

インドでヒンドゥスタン・ユニリーバ（ＨＵＬ）がやった有名な事例をご紹介する。

インドの農村部の話である。

インドの田舎、主に農村などでは、衛生習慣がなく、泥などで手を洗っていたという。

これが「社会的な課題」である。

「衛生習慣がないため人々が不衛生な環境におかれている」というこの社会的な課題を解決するため、ＨＵＬは、子供たちを中心に「チャテェトナ（健康的な生活への目覚め）」という手洗いキャンペーンを行った。

実演とワークショップを通じて石鹼による手洗いの重要性を伝え、衛生への意識を高めたのである。

そして、「衛生習慣がない」という農村部の課題を解決しつつ、「ライフボーイ」というHULの石鹼の市場を創り上げたのである。

これは、いわゆるCSR（Corporate Social Responsibility）とは違う。

CSRは慈善活動的な意味合いが強いが（注38）、CSVは利益を上げながら、なのである。

ただ、根本に立ち返ると、当たり前とも言える。

もともと企業は、その商品やサービスで「生活者の課題」を解決しようとしているので

注37 「大きなうねり」という単語が出てきたので、その名の通り『グランズウェル』（大きなうねり、という意味）という本をここでご紹介しておきたい（シャーリーン・リー＋ジョシュ・バーノフ著／翔泳社）。この本は特にファンベースについて書いてあるわけではないが、ネットやSNSが引き起こす大きなうねりの様々な事例、そしてその方法が詳細に書かれた名著である。2008年刊の古い本ではあるが、ボクはいまでも「読むべき本」を訊かれるとその筆頭にこの本を挙げることが多い。必読だ。

注38 CSRとは本来、単に慈善活動的なものではなく、その企業の事業が環境などに及ぼす悪影響を直視しそれを改善するという側面がある。ただ、CSVとの比較として、利潤を伴わない社会貢献活動という意味であえてこう書いた。

ある。つまりそれは「社会的な課題」なのだ。

その商品を作り売っていること自体が「社会貢献活動」なのである。

であるならば、ちゃんと商品は売ろう。

それは社会貢献や社会改善につながるはずだ。

それを基本スタンスとした上で、その延長線上にあるビジョンを生活者と共有し（インドの例だったら「衛生習慣を作る」というビジョン）、一緒によりよい社会を作ろう、ということである。

これは、「社員という『最強のファン』の共感を作る」の項で出した比喩を使うならば（214ページ参照）、目的地が明確で、かつ、その目的地への期待と夢も共有できる「すばらしい航海」なのだ。

つまり実はまず、社員が喜ぶ。

売り上げだけではなく、明確な社会貢献に寄与できるのだ。喜びは増す。

ただ、この航海の乗組員は社員だけでない。

そのビジョンを共有した生活者も乗組員だ。

なので、その航海を、その期待と夢を、社員だけでなく社外の生活者も友人知人に言いたくてたまらなくなる。オーガニックな言葉で伝えたくなる。

そう、これは、商品を売るという社会貢献をしつつ、社会をよりよい場所にして、社員を喜ばせ、そのうえ社外にもファンを多く作っていく、という一石四鳥のアプローチなのだ。

プランナーの「ノブレス・オブリージュ」

ボクは、そういう「社会をよくすることに直結する一石四鳥のプランニング」をすることができる「伝える仕事」を、とても誇りに思っている。

たとえば、2013年のことになるが、applim(http://applim.jp/)という大学生を対象にしたコンテストで審査員をした。

そのとき、グランプリに選んだプランニングがあるのだが、それなど「あぁやっぱりプランナーってすばらしい職業だなぁ」と思わせるものであった。

日本の大学生たちがプランニングしたその企画を短くご紹介しよう。

実際に実行したものではなく、プランのみのコンテストであることを前提に読んでほしい。

彼らが取り組んだ社会課題は「夜道で犯罪が多発している」ということであった。

犯罪が多発する主な理由は「人通りが少ないこと」である、という調査データを元に、夜の人通りを増やして犯罪を抑制するための施策を考えていく。

そこで彼らはある発見をしたのだ。

「人通りが減るはずの時間帯（18時〜26時）に外出している多くの人たちがいる」という発見である。

それは「ランナーたち」であった。

そして、ランナーたちの夜のランニングに着目し、「夜ランすることが愛する街を守ることに繋がるキャンペーン」を企画したのである。

具体的にはあるスポーツシューズを商品としている。

その会社が提供するランニングアプリで、人通りが少ない道が可視化できるようにし、人通りが少ない道を通って帰宅しないといけない生活者（主に女性）が「ランナーたちにラン・リクエストができる」ようにしたのである。「その道を走って人通りを増やしてほしい」というリクエストを、そのアプリを持ったランナーたちにワンタッチで送れる仕組みである。

それをトレーニング中のランナーが受け取って、「合点承知！」とばかりにその道に向かうのだ。

そして、それが得点につながったり、地域対抗バトルがあったりと、ランナーへのインセンティブもしっかり考えられてあった。

……まぁ様々な瑕疵《かし》はある。

そのリクエストが変質者に見られてしまったら先回りされてしまうかもしれないし、ランナーたちが走り過ぎる一瞬しか人通りは増えない。

実際にいろんな問題をクリアしないと実現できないプランであろう。

ただ、プレゼンを聞きながら、ボクはちょっと感動していた。

この、社員も生活者も幸せになって、商品も売れ、社会課題も解決できる一石四鳥のプランニングって、プランナーという仕事にしかできないよなぁ、と感動していたのだ。

企業内のプランナーも企業外のプランナーも含め、プランナーしかこういう企画に携われないし、実行にも移せないのだ。

改めて「伝える仕事」ってすばらしいと鳥肌がたったのをよく覚えている。

Ｎｏｂｌｅｓｓｅ　Ｏｂｌｉｇｅ（ノブレス・オブリージュ）という言葉がある。

貴族を指して言われた言葉で、「高貴なるものの義務」を意味し、一般的には地位や財産、権力などを持つ者には責任が伴うというニュアンスで使われる。

伝える仕事が高貴だと言うつもりはさらさらない。

が、伝える仕事に携わる者には責任が伴う。

そういう仕事に就いた者としての責任と誇りをもち、プランナーしかできないノブレス・オブリージュを考え続けたいとボクは思っている。

ファンをよく見て、ファンの気持ちになって考えよう

さて、ファンからオーガニックな言葉を引き出す方法を7つご紹介してきた。
再掲すると、

(A) 社員という「最強のファン」の共感を作る。
(B) ファンをもてなし、特別扱いする。
(C) 生活者との接点を見直す。
(D) 商品自体を見直す。ファンと共創する。
(E) ファンを発掘し、活性化し、動員し、追跡する。
(F) ファンと共に育つ。ファンを支援する。
(G) ファンとビジョンを分かち合う。

となる。

とはいえ、これらを何か新しい手法として覚える必要はまるでない。ファンをよく見て、ファンの気持ちになって考え、ファンが一番喜ぶことを誠実に丁寧にプランニングしていけば、自然とこれらに辿りついているであろう。

相手は生身の「人」だ。

その人が喜ぶことをよくよく考えてやっていけばいいだけである。

ファンが喜び熱狂することとは何なのかを考え、彼らを「主役」にするように企画し実行すると、彼らはより強いファンになってくれるだろうし、それを友人知人にオーガニックに伝えてくれることだろう。

生活者に語りかけたり、コメントにリアクションしたり、サポートを充実させたりを実行している企業は多いと思うが、もう一歩踏み込んで「ファン」をよく見ることをお勧めしたい。

すべてにおいて「ファンが喜ぶかどうか」が、砂一時代の生活者に対する一番大切なアプローチだ。

ファンが喜べば、それを周りの生活者に伝えてくれ、態度変容まで促してくれるのである。

砂一時代「以前」の生活者はオーガニックな言葉を言ってくれないのか

この章では「砂一時代の生活者」へのコミュニケーションとして、オーガニックリーチについて書いてきた。

砂一時代の生活者に伝えるためには友人知人を介して間接的に伝える必要があり、そのためには「オーガニックな言葉を引き出すこと」が特に効果的だということで、「砂一時代の生活者に向けた手法」として展開してきた。

では、この7つの方法は、砂一時代「以前」の生活者には効かないのであろうか。

いや、効く。

というか、『真実の瞬間』なんて1980年代の話であるし、グレイトフル・デッドに至っては1960年代からずっとファンベースでやってきているのである。それらが成功していることを考えても、砂一時代以前の生活者にもとても有効な施策だということがわかる。

ただ、砂一時代以前の生活者の場合、ファンベースで施策を打たなくても、マスベースで情報を多く露出させることで「砂一時代以前のファン」に伝わり、彼らがリアルかつオーガニックに周りに伝えてくれるので、あえて打たなくてもいいだけだ。

打てば必ず効くと思うし、砂一時代以前のファンたちからオーガニックな言葉が染み出すだろう（ネットはあまり使っていないので、リアルなつながりに対して染み出すだろう）。

つまり、この7つの方法を砂一時代の生活者に向けてすることは、砂一時代「以前」の生活者に対しても無駄にはならないということである。

二極化した生活者の両方に効果があるということだ。

むしろ、砂一時代以前の生活者はいわゆるリア充の人が多いので、仲間同士（トライブ）でよく会っているし、お互いに影響しあうことも多いと思われる。

なので、友人知人のオーガニックな言葉は、逆に効きやすいと言えるくらいである。

ぜひ7つの方法を検討してみていただきたい。

ただし、彼らはネットを日常的には使っていない。

最近、効率的だからだろう、何でも自社サイトにとりあえず載せて生活者に伝えた気になっている企業が多いし、コミュニティなどもネット上だけで運営されることが多い。

国民の約半分がネットを日常的には使っていないことも考え、もっとリアルなつながりを大切にする施策を増やし、ファンからのオーガニックな言葉を引き出していったほうがいいと思う。

第七章　どんな課題でも70点以上とれるプランナーになるために

——「基本的な構築」を一番大切にしよう

公式を導き出す過程にほとんどの問題の解法が入っている

突然だけど、高校時代のクラスの話。

数学がすこぶるよく出来る友人が隣の席に座っていた。

ボクは数学が不得意だったので、テストのときなど、こっそり覗き込もうとしたりした。いわゆるカンニングである。ダメダメな男である。

ついでに視力もダメダメだったので彼の解答はほとんど見えなかったのだが、テストが始まると、まず最初に彼がサササと問題用紙の隅に数行書くのは見えていた。

毎回そうなので、あるとき、何書いてるんだろう、と、テストが終わってから彼の問題用紙を見てみると、丁寧な字で数学の公式をひとつひとつ導き出している。

「僕ね、数学の公式って覚えないんだよね」

彼はちょっと蓄膿症気味の特徴的な声で言ったものだ。

「だって覚えるより導き出すほうが早いし、いちいち基礎練習にもなるし。そのうえ公式を導き出す過程にほとんどの重要問題の解法が入ってるから応用も利くんだよ。お勧めするよ！」

彼について覚えてるのはこのエピソードしかない。

勉強が出来すぎて、高二の時に違う高校に転校していった。

いまどこで何をしているのかも知らない。

でも、この場面だけは妙にクリアに覚えている。

なんでこんな昔話を書いてるかというと、実はこの話はプランニングに通ずるからだ。

公式（手法）を覚えるのはあまり意味がない。

それよりも、「手法を正しい道筋で導き出せるか」のほうが大切である。

たとえば、オーガニックリーチを狙いたいのなら、オーガニックリーチを引き出す手法をいろいろ思い出すのではなく、「そもそもなぜそれが必要だったか」を考える。おおもとの情報環境にまで立ち戻って考える。そうすると、オーガニックリーチが必要になった過程にほとんどの答えが隠されていることに気がつくはずである。

どんな難しい課題がきても70点以上とれるプランナーになるために

あらゆる一流選手が基礎練習を重視するのは、それをくりかえし反復練習することで筋肉が動きを覚え、その動きをどんなときでも再現できるようになることを知っているからだ。

世界トップクラスのサッカー選手でも、必ずサッカーを覚えたての中学生がするような基礎練習から始める。それをしつこく毎日くりかえす。その積み重ねからスーパー・テクニックが生まれるし、彼はそれを何度でも再現することができる。

それを見ていたあなたが、格好いいからといってそのスーパー・テクニックだけ練習しても、決してできるようにはならない。よしんば練習場でたまたまできたとしても、実際の試合で常に再現することは不可能である。

基礎ができていないからだ。筋肉が覚えるところまで行っていないからである。

プランニングも一緒だと思う。

多くの人が新しいテクニックを知りたがる。成功事例を知りたがる。そして「なるほどこうすればいいのか！」とわかった気になる。

でも決して再現はできない。

なんでそういうテクニックが必要で、どう生まれたか、おおもとまで遡って理解していないからである。基礎練習も積んでいないからである。

だから、基礎を大切にしよう。

どういう流れでそういうテクニックが生まれたかをコミュニケーションの歴史の流れの中で理解し、二極化した生活者それぞれの情報環境まで遡って「基本的な構築」ができるようになろう。

それを毎回の課題（仕事）ごとにくりかえそう。

たとえば電車の中である広告キャンペーンを見たならば、それはどういう「基本的な構築」のもとに作られているのか、バラバラに分解して考え、自分だったらどうするかを考えてみよう。

そういう基礎練習のくりかえしで、プランニング力は上がっていくと思う。

逆に言うと、そういう「基本的な構築」がいつでもできるようにさえなっていれば、どんな難しい課題がきても、少なくとも70点はとれるはずである。

プロとして最低限恥ずかしくない点数だ。

70点ラインを常に突破できるようになれば、100点だって見えてくる。どこをどう工夫すれば30点上がるかわかってくる。

堅牢な構造物に仕上げるために

265ページの**図26**は、「はじめに」のラストで提示したチャート図の再掲である。

ボクの脳内にある「基本的な構築」をなるべくシンプルな図にしてみたものだ。

ボクはどんな課題がきても、このチャート図の一番上から考え始め、ひとつひとつの項目を抜けなく見ていくことにしている。

言うなれば、ボクの「型」である。

型があれば、型破りもできる。

プランナーという人種はアイデアマンが多いし、そこに自信をもっている人ばかりなので、最初から「型破りなアイデア」を発想しようとする人が多いのだが、基本的な「型」の上に乗っていないアイデアは、０点か１００点かの大博打にしかならない。

この「伝わらない」時代、そんな行き当たりばったりのアイデアで簡単に合格点をとれるわけがない。

だから、まずちゃんと組み立てよう。

今後、例外や応用問題などにたくさん出くわすだろうが、「型」さえしっかりしていればブレずにプランニングできるはずである。

もしボクのやり方を試してみようと思ってくれるなら、この図で言うと一番上から一番下の「アイデア」という矢印の手前まで、毎回ゆっくり丁寧に追っていき、何度も検証して堅牢な構造物に仕上げてみてほしい。

それができたら、実はもう70点はとれている。

そして、ここまでなら、あなたが「アイデアマン」でなくてもできるはずである。

あとは、そこに10点、20点とアイデアを足して１００点に近づけていくのだ。

図 26
【伝わらない時代の「伝わる」プランニング】

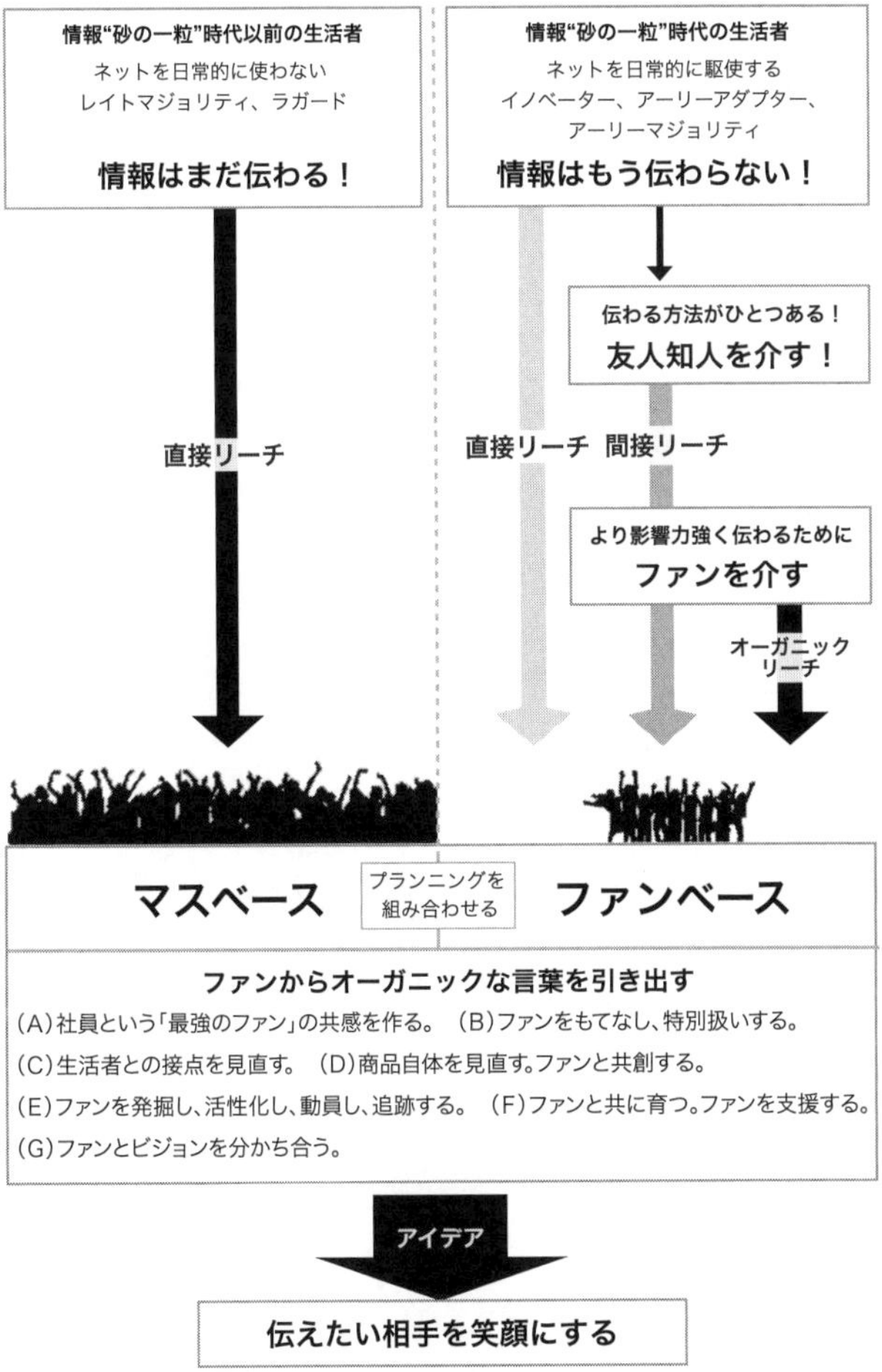

もしくは、そこが不得意なら、アイデアマン（クリエイターとか）を探してきて任せてもいい。

堅牢な構造物の上に乗っているので、少々型破りなアイデアでも「効く」はずである。

プランニング虎の巻

チャート図だけではわかりにくい、という方のために言葉にもしてみた。それが次の「プランニング虎の巻」である。

大きな流れを重視して、説明はかなり省略して書いているので、わかりにくい場合は該当の章に戻って読んでみてほしい。

【伝えたい相手を決める】

①「伝えたい相手」を情報〝砂の一粒〟時代（砂一時代《すないち》）以前と砂一時代で切り分ける。

砂一時代以前は「マス」に伝え、砂一時代は「ファン」に伝える。

②「マス」は大きな塊。

砂一時代以前の生活者ならまだ情報は少なく、喜ばれるから、興味関心がない相手をターゲットにして撃ち落とすという従来の手法が有効。つまり「伝えたい相手」

はこちらが一方的に決めても大丈夫。事業戦略をもとに考えよう。

③「ファン」はもともとその情報に興味関心がある人。濃淡はあるが、ひっくるめてファンと呼ぶ。

砂一時代の生活者にとって情報はありすぎて、もううざい。だから主に友人知人を介してアプローチしていく。

その情報を伝えてもらいたがっているトライブを具体的にイメージして書き出していく。それが複数あった場合は予算や効率やその「トライブの結束の強さ」などを考えて取捨選択し、伝えたいトライブを決める（複数可）。

まだファンがいない商品の場合（新商品とか）、潜在的なファンに伝えファンを作っていく。

【伝えたい相手により、マスベース、ファンベースでそれぞれプランニングする】

④「マス」に伝えるにはマスベースで考える。

マスという塊に、マスメディアおよび360度の直接リーチで情報を伝える。

⑤「ファン」に伝えるにはファンのトライブに情報が届くよう、ファンベースで考える。

ファンベースには3つのアプローチがある。

・直接リーチ：
ファンのトライブがいる場所、触れているメディアなどで、ファンに情報を直接渡すイメージ。その情報を「ファンの間を駆け巡る」内容にして、その後トライブの中に間接リーチで共有されるようにするのは必須。

・間接リーチ：
友人知人を介して間接的に共有され、結果的にファンにも伝わる。比較的偶然性が強い方法。

・オーガニックリーチ：
ファントライブや熱心なファンからのオーガニックな言葉がファンに伝わる。ファン同士なので大変盛り上がり、他への波及性も高い。また、ファンからのオーガニックリーチはファン以外にも広がり、興味関心がない人の態度変容をも引き起こす。なのでオーガニックな言葉を引き出す施策はとても大切。

【ファンからオーガニックな言葉を引き出す】

⑥興味関心がない友人知人の態度変容を促したいとき、圧倒的なチカラを発揮するの

が「ファンのオーガニックな言葉」である。少数のファンでも、オーガニックに伝えてくれれば、周りを態度変容させ、ファンは増えていく。

オーガニックな言葉を引き出す方法として7つ考えられる。

（A）社員という「最強のファン」の共感を作る。

（B）ファンをもてなし、特別扱いする。

（C）生活者との接点を見直す。

（D）商品自体を見直す。ファンと共創する。

（E）ファンを発掘し、活性化し、動員し、追跡する。

（F）ファンと共に育つ。ファンを支援する。

（G）ファンとビジョンを分かち合う。

まぁこの本で書いてきたことをざっとまとめただけなのだが、説明が足りない部分もあると思うので、大切なポイントのみ短く解説してみたい。

「伝えたい相手」を決めるのが一番大切

従来の手法と比較して特に重要だと思われることが3つある。

1つめは「**砂一時代の生活者を相手にするなら、露出脳から脱却しないといけない**」ということ。

「伝える仕事」に携わるほとんどの人が、ずっと「露出を増やす発想＝露出脳」の習慣が長かったので、なかなかそこから抜けられない。

みんなの疲れのもとになっているのがここである。

砂一時代は露出を増やしてももう伝わらない。そこは従来の手法と比較して特に重要だ。だって露出を増やしても情報が多すぎて出会えない。出会えていても目にも入らない。たとえラッキーにも目に入ったとしても、興味関心がない情報は速攻でスルーされる。たまたまスルーせず受けとってくれたとしてもすぐ忘れ去られてしまう。これが大前提だ。

でも、何度しつこく言ってもここに本能的に抵抗する広告マン、メディアマンは多い。なのでこの本でも相当しつこくくりかえして来たわけだが、仕方ない部分も確かにある。広告も広報も「露出量を多くすれば伝わる（世の中にたくさん流せば伝わる）」という発想で100年以上やってきたからである。成功体験の歴史が長いのだ。情報洪水前の、世の中に流れている情報量と人間が受け止められる情報量がほぼ一緒だったころに成功したやり方が身に染みついているのである。

だから、SNSにおいても、RT数やいいね！数を目指してしまう。数で勝負してしまう。だがそれは露出脳である（注39）。

2つめに重要なのは**「ファンベースとオーガニックリーチ」**である。

これはまだあまり普及していない概念である。

この情報の大海を航海するには、運命共同体的乗組員としての社員、縁あってもとからその商品を好いてくれていた人、すでに買ってくれている愛用者など、「いままで安全牌的に扱っていた人」ほど大切にしないといけないのである。

ボクたちは、情報環境が過酷だからこそ、もっともっとがんばって「まだ興味関心がな

注39　リスティング広告やリターゲティング広告なども、とにかく生活者の目に触れようとがんばる限り、露出脳である。
リスティング広告は検索連動型の広告で、生活者が検索エンジンで検索したキーワードに関連性の高い広告を検索結果ページに表示する。たとえば「ビタミンC」で検索すると、そのキーワードを指定した広告主の広告が表示される。一見、興味範囲に即した効率的な広告のようにも思えるが、情報が多すぎる砂一時代を生きる生活者にとって、情報を押しつけてくるものは基本的にうざい。単なる商品名表示ではなく、そこに「新しい提案」などを含まなければ、「なんだ広告か」と即座にスルーされるだろうし、そういう広告を「絶対クリックしない！」と決めている生活者もアーリーアダプター層（つまり砂一時代の生活者）では多い。
リターゲティング広告とは、広告主のサイトを訪れた人に限定して、その人の行く先々に再訪を促すバナー広告などを出し続けること。この広告を配信する会社は、生活者のサイト訪問履歴を参照してその人を特定し、広告を表示する。一度でも広告主のサイトを訪れたのであるから関心が高い層を特定して広告表示ができるという理屈であるが、ちょっとしつこすぎるうえに、実際には「もう買い終わった商品」や「見て興味をなくした商品」もバナーなどに出続けるため、たいへん邪魔で迷惑であることも多い（というかストーカー的である）。企業イメージや商品イメージを損ねることにもなりかねない。

い生活者」「まだ買ってくれていない生活者」に伝えて買ってもらおうとしがちだ。

でも違う。

この本の扉にも引用させていただいたが、

「**ほら　あなたにとって大事な人ほど　すぐそばにいるの**」

モンゴル８００「小さな恋のうた」より
ということである。

すぐそばにいるファンを見よう、もてなそう、一番大事にしよう、ということだ。

ここも従来と逆の発想なので、飲み込みにくいところである。

だから重要なのである。

そして３つめ。

これはすべてに関わってくるプランニングのスタートラインだ。

「**砂一時代の生活者と砂一時代以前の生活者でプランニングを切り分ける**」という部分である。

これは、砂一時代以前の生活者が都会のマーケターやプランナーから見えなさすぎたこともあるのか、いままであまり考えられてこなかった。

でも、どう考えても、これだけ別人種みたいに情報環境が違う人たちである、切り分けずにプランニングするのは乱暴すぎると思う。

そして、伝えたい相手も切り分けないといけない。

これが、まだ砂一時代以前の生活者の調査データが少ないこともあり、困難を極める。中間のグレーゾーンにも人はいそうだし、第一、都会の真ん中にも砂一時代以前の人は住んでいるし、地方都市にも砂一時代の人が住んでいる。若いのにネットをあまり利用していない人もいれば、高齢者でネットを日常的に利用している人もいるのである。

つまり場所や年齢で分けられないのである。

ざっくり言って、
・砂一時代の生活者＝イノベーター、アーリーアダプター、アーリーマジョリティ
・砂一時代以前の生活者＝レイトマジョリティ、ラガード
と言っていいと思うが（74ページの**図5**参照）、では、ある商品を伝えたいときにその「伝えたい相手」をどっちにどう設定するかというのは、とても難しいことになる。

プランニングの初動は、「伝えたい相手」を知り、決めること

この「伝えたい相手」をどう設定するかというのは、プランニングにおける大切な初動である。それについては、具体的に見ていったほうがわかりやすいので、ちょっと例題っ

ぽく考えてみたい。

ある架空の飲料メーカーZが、機能性飲料「X」の新発売キャンペーンをすると仮定する。

この機能性飲料は、特に熱中症予防に特徴がある。

なので「こまめにXを飲んで熱中症を予防してね」というのが伝えたい情報だ。

このとき、「伝えたい相手」をどう切り分ければいいのだろう。

まず**砂一時代以前**から考えよう。

砂一時代以前の伝えたい相手は、企業が戦略的に（一方的に）伝えたい相手をターゲットとして設定しても大丈夫である。

特に若者に売りたい、とか、もっと違う層を開拓したいとか、そういう戦略に基づいて、まずはターゲットを決めるのである。

ただ、そのとき検証しないといけないのは、そのターゲットに「砂一時代の生活者」が多そうな場合である。

平たく言うと、ネットを駆使して生活しているタイプの人が多そうな場合（調査必要）、その層には砂一時代以前のマスベースのアプローチは届きにくい。

この例の場合、たとえば「子育てママさん」をターゲットとして設定してみた。

特に幼児を育てているママたちは、幼児の熱中症にとても敏感だ。下手すると死に至るので、かなり危機感を持っている。その層を狙おうと考えたのである。

では、子育てママさんたちは、情報環境的に砂一時代なのだろうか、砂一時代以前なのだろうか。

幼児を育てているママさんは10代後半〜40代と幅広いと思うが、比較的若年層が多いと仮定すると（調査必要）、この層はわりとネットを駆使して生活をしている層である。つまり砂一時代の生活者である可能性が高い。

ただ、子育てママさんの中にもレイトマジョリティやラガード的な方々はたくさんいて、ネットなど触りもしないタイプの人もわりといそうである。第二章で書いたマイルドヤンキー層もここにはたくさん含まれるだろう。

調査は必要だが、子育てママさんも、砂一時代の人（イノベーター、アーリーアダプター、アーリーマジョリティ）と砂一時代以前の人（レイトマジョリティ、ラガード）に分かれるのである。

ただ、後者が確実に大勢いるのならば（これまた調査必要）、ここをターゲットにするのは良いと思う。

つまり、「子育てママさんのレイトマジョリティ・ラガード層」である。

ここをターゲットとして、マスベースでアプローチするのである。

くりかえすが、ここに大勢いるならば、である。

もしいないとわかったら、作戦を変更して、たとえば、熟年&高齢者層（熱中症をやはり怖れている層だ）を狙うなど、確実に砂一時代以前と思われる層にアプローチするのがマスベースの場合は得策である。

砂一時代以前は、国民の半分くらいいるのである。慎重に検証しつつ、ちゃんと大勢いる層をターゲットに決めていきたい。

次に、**砂一時代**の「伝えたい相手」をどうするかを考える。

この場合、企業が一方的に伝えたい相手ではなく、「伝えてもらいたがっている相手＝ファン」に伝えないと伝わらない。

熱中症に興味関心がある人、熱中症の情報を伝えてもらいたがっている人、そして忘れちゃいけないのはZ社の社員たち。そしてZ社のファンである（新商品でなければ商品自体のファンもすでにいると思うが、Xは新商品なのでまだいない）。

そういうファンたちにアプローチするのである。

では、どういうトライブがいるだろう。

ノートやホワイトボードにひとつひとつ書き出していってみよう。

Z社の社員（最強のファンは社員である。彼らが周りの友人知人に勧めてくれる）

Z社のファン（ファンだから他の飲料ではなくXを買ってくれる。勧めてくれる）
スポーツマン全般（炎天下で運動するので熱中症を怖れている）
特にランナー（最近のラン・ブームでランナー人口が急上昇している）
夏合宿などの体育会系部員（中高生や大学生の部活）
夏だから甲子園に特化するのもありかも。あ、観客席の観客も熱中症を怖れてる。
子育てママさん（幼児の熱中症はとても怖い）
高齢者がいる家族（高齢者の熱中症をケアしてあげたい）
外回り営業や肉体労働系の夫をもつママさん（夫が倒れたら困る！）
高齢者（外はもちろん家の中でも熱中症になる人多し！）
外回りの営業さん（本当に必要。教えてあげたい）
工事現場とかで働く肉体労働系の人たち（死活問題かもしれない。早く！）
熱中症研究者（熱中症に効く飲料についてはもちろん興味関心がある）
熱中症体験者（つらい目にあった人だもの、興味あるだろうし、語ってもくれそう）
もっとあるかもしれないが、こんな感じで書き出していく。
これらはみな「伝えてもらいたがっている人たち」である。

砂一時代の情報環境でも、直接リーチ、間接リーチ、オーガニックリーチなどで伝えることが可能な生活者だ。

で、これだけある中から、伝えたい相手をいくつかに絞っていく。

ポイントは以下の5つ。

- **砂一時代の生活者であるかどうか**

ネットを駆使しているタイプやアーリーアダプターが大勢いるかどうかを検証

- **そのトライブにリーチしやすいかどうか**

直接リーチや間接リーチで接触しやすい場所やメディアがあるかどうかを検証

- **そのトライブの結束の固さはどうか**

情報がそのトライブ内で駆け巡るか（共有されやすいかどうか）を検証

- **より熱心なトライブはどれか**

オーガニックな言葉が起こりやすいトライブかを検証

- **予算的に適切か**

リーチするのにすごく予算がかかるのは効率的ではないので、それを検証他にも、シーズン要素の検証（季節やタイミングで伝わりやすさ、広がりやすさが変わる）、タレント要素の検証（使用予定タレントによってトライブが変わる）などいくつかあるとは思うが、主にこの5つのポイントで考えるのがいいだろう。

ちなみに「拡散の核は少数でいい」ので、特にパイの大きさには意識をしていないが、大きいに越したことはないので、それも考慮に入れておく。

で、それぞれ検証して、いくつか選んでいく。

この例で言うなら、まずはZ社の社員たち。社員数は少なくても「濃い核」になるので必須である。ただし「やらせ」はダメだし、企業に共感してくれていないとネガな印象もオーガニックに伝わってしまうので注意が必要だ。

次にオーガニックリーチが起こりそうなZ社のファン。

これはそれまでにちゃんとファンとつながり、コミュニケーションしてきたかによる。まだならば、このキャンペーンをいい機会として「つながりをつくる」のは（それなりに準備と時間はかかるが）将来のためにとてもいい施策である。

そして、砂一時代のランナー、砂一時代の子育てママさん、外回り営業の夫をもつ砂一時代のママさん、砂一時代の外回り営業、砂一時代の熱中症研究者あたりを、たとえばピックアップする。

彼ら彼女らは、トライブ内に結束の固い砂一時代の生活者がいそうだし、「ねえ、Xっていいんだって！」と情報が駆け巡りそうである。リーチする方法も具体的に思いつく。

伝えてもらったときの「笑顔」を具体的にイメージしながら、選んでいくといいと思う。

で、予算と相談しながら、さらに「伝えたい相手」を取捨選択し、数を減らしていくのである（予算が多いなら多くのトライブを狙えるが、手間は非常にかかる）。

さて、こうして砂一時代以前の「伝えたい相手」と、砂一時代の「伝えたい相手」がある程度絞れた。

ただ、具体的に施策を考え始め、その際に「やっぱりこのトライブにリーチするのは難しそうだ」となったら、また「伝えたい相手」を選ぶところまで戻ってきて入れ替える。砂一時代の生活者に対するコミュニケーションはとても難しいので、その辺はフレキシブルに対応したいところである。

え？　面倒くさい？

そう、面倒くさい。

もうこちらが一方的にターゲットを決めて身勝手に情報を押しつけて済む時代じゃなくなったのだもの、そりゃ大変なのだ。甘くはない。

ただ、右のように、非常に丁寧に誠実に考えないといけなくなった分、アウトプットも丁寧で誠実なものになるだろう。

そして、確実に、伝えたい相手の笑顔を見ることができるだろう。

ちなみに、ここからのプランニングの道筋は、切り分けた「伝えたい相手」ごとにマスベースとファンベースでプランニングをしていき、最終的に組み合わせることになる（混ぜるのではなく、組み合わせる）。

この本では「基本的な構築」をお伝えするのみに留めるが、チャート図や「プランニング虎の巻」を参照しつつ、伝えたい相手の笑顔をイメージしながら丁寧に考えていけば、どんなアプローチがいいのか、どのメディアを使うべきかなど、自ずとわかってくるはずだ。どんな応用問題でも解けるようになるはずである。

クライアントや上司にもオーガニックリーチで

ちなみに、こうして砂一時代以前と砂一時代を切り分けて誠実にプランニングしようとしても、思わぬ抵抗というか、「全然無理！」「入り口にも立てない！」という場合がある。

第一章・第二章で書いたような「危機感」を、まったく共有できない方々と仕事をする場合である。

それはたとえば、どうご説明してもテレビCMしかしようとしないクライアントだったり、露出脳から抜け出られない上司だったり、逆に砂一時代どっぷりでネット施策しか受け入れない先輩だったりするかもしれない。

そういう方々と仕事をする場合は、確かに「切り分ける」なんていうプランニング、受け入れてもらえそうにないだろう。

ただ、彼らを責めることもできない。

だって、第二章に書いたように、人は自分に合わせて世の中を見るものだからだ。それぞれの情報環境に合わせて判断している部分が多いので、どんな優秀な人でもそうなりがちなのだ（いや、優秀な人ほど、自分に自信があるから、自分に合わせて世の中を見がちだったりする）。

また、彼らの上司（役員とか）がもっと大きな障壁になっている場合もある。役員になるくらいの人は出世している分、「成功体験」が身に染みついていて、なかなかやり方を変えられない人も多いのだ。

ではどうすればいいか。

立派なスライドを作って、隙のない、理論立ったプレゼンをして説得すればいいのだろうか。

ボクは違うと思う。

ボクの経験上、たとえば数十分のプレゼンの場などで一所懸命に説得しても、相手が説得されることはまずないと思う。たぶんそれは徒労に終わるだろう。

なぜなら、彼らはあなたが伝えたいことに興味関心がないからだ。もう自分のやり方が出来上がっていて、余計な情報などほしくないのである。いわゆる「聞く耳をもたない」という状況だ。

そういう興味関心ない人に一方的に大声で叫んでも、それはうざいだけなのである（どっかで聞いたような言い方ですね）。

そう、実は彼らにも「オーガニックリーチが効く」（笑）。

あなたが一方的に伝えてくる言葉より、彼らの友人知人（信頼する同僚など）からのオーガニックな言葉のほうがずっと効くのである。

なので、あなたは、まず（遠回りと思うかもしれないが）「仲間」を作っていくことから始めるといいと思う。

クライアントなら、その方の周りにきっと「最近なんだか伝わっている手応えも実感もない」と思っている人がいる。上司の周りにもきっといる。そういう人とつながり、一度どっぷり話し込むことだ。そして「仲間」になって（同じ考え方のトライブということである)、勉強会や読書会を開いたりして少しずつそのトライブを広げていくといいと思う。

その動きや考え方は、「伝えたい相手」に、友人知人を介して(思ったより早く)伝わるだろう。なぜなら、「最近なんだか伝わっている手応えも実感もない」という人がいまの世の中意外と多いからである。遠回りに見えて近道なのだ。


マスベースとファンベースでは「アイデアの作り方」が違う

さて、最後に、チャート図で言ったら一番下の矢印の部分、「アイデア」と書いてある部分の説明を軽くしておきたい。

もちろん、その矢印の部分に辿りつくまでもいろいろアイデアはいるのだが、言うなればそれは「生活者へのアプローチの仕方についてのアイデア」である。

クリエイティブ表現だったり、イベント企画だったり、SNSへの投稿だったりのアイデアはまた少し違う。

ちょいポチャ男子の例で言ったら、郊外の駅前広場で大声で何と叫ぶか。渋谷のスクランブル交差点でどういう情報を手渡すか。そこにアイデアが必要だ。

この本は主に「生活者へのアプローチの仕方」を中心に書いてきたので、中途半端に「アイデアの作り方」に触れたくない。

でも、たとえば渋谷のスクランブル交差点で、女子へのアプローチまでは上手にできたのに、最後の最後でインパクト強い言葉を大声で叫んでしまったりしたら、すべてがぶちこわしである。

マスベースとファンベースではアイデアの作り方が違うのである。

ちなみに、従来の施策が通用するマスベースに関しては、これまでいろんなところで優れた方々がアイデアの作り方について語っている。

なのでそれはそれらにお任せするとして、ここではファンベースに絞ってポイントをお伝えしたい。

ファンベースでのアイデアの作り方〜「共感」はどういうときに起こるか

ファンベースでは、インパクトはもううざい。

146ページの図14のように、もう情報はありすぎてうざいので、インタレストとシンパシー、つまり興味と共感をもたれないと速攻でスルーされてしまう。

特に友人知人を介するとき、共感が大切である。

では、どうやって共感をもってもらえばいいのであろう。

というか、そもそも「共感」とはどういうときに起こるのだろう。

まずそのメカニズムを紐解く必要がある。

前提となるのは「自分は他人と違う」ということである。

当たり前だ。ボクはあなたと違う。

顔も、身体も、健康状態も、育った環境も、家族構成も、受けてきた教育も、見てきたテレビも、好きな本も、好きな音楽も、好きな映画も、好きな食べ物も、好きな人も、仕事経験も、既婚か子持ちか介護持ちかなども、ぜ〜〜んぶ違う。

他人、つまり、「もともとすべてにおいて違う相手」に伝えるのだから、わかりあえっこないのである。

つまり「共感なんか起こらない」ということが前提となる。

だって違うんだから。

でも。

わかりあえないからこそ、わかりあえるはずがないからこそ、たまたまわかりあえたときに強い「共感」が起こるのだ。

他人と違うからこそ、相手の中にたまたま同じところを見つけると「あー、わかるわかる！」と膝をたたくのである。

そして、その「共感」を求めて、人は「自分と同じところ」を相手の中に探そうとする。

その人と「同じところ」を探すために読む、聞く、会うのである。

なぜなら、人と違うことは寂しいから。

……なんか急に情緒的な話になって戸惑われているかもしれないが、人は孤独で寂しい。だからこそ相手の中に自分と同じところを探し出し、「あーわかるわかる！」と喜ぶのである。

あなたがあなたらしくあればあるほど「共感」は強まる

たとえば、あなたと育った国もしゃべっている言葉もまったく違う外国の小説家が書いた小説に、あなたはなぜ共感し感動するのだろう？

あぁわかるわかると共感しジーンときたりする。でも、すべてにおいて違うはずなのだ。育った国すら違うのだ。同じ体験とかしているはずもないのだ。なのに共感し感動する。何でだろう。

また、あなたと人生から性別から経験から恋した相手まで何もかも違うはずの歌手が作った歌に、あなたはなぜ共感し感動するのだろう？　たとえばミスチルの桜井和寿が作ったとても個人的な恋の歌に、そうそうそうそうなの、と、なぜせつなくなったりしちゃうのだろう？

自分とは絶対違う恋を歌った歌だ。わかりあいようがない。なのにまるで同じ体験をしたようにせつなくなる。それは何でだろう。

本来、共感など起こるはずがないのである。

でも、その外国の小説家とも、ミスチルとも、あなたは全然違うからこそ、あなたは「自分と同じところ」を相手の言葉の中に探そうとする。

違うのは寂しいから、何とかわかろうと、一歩、相手の中に踏み込むのだ。

ここに大きなヒントがあるとボクは思う。

つまり、あなたが相手の中に「自分と同じところ」を探そうと一歩踏み込んだように、相手があなたの中に「自分と同じところ」を探そうと一歩踏み込んでくれれば、そこに「共感」が起こるのである。

そのためには相手に「自分と同じところ」を探そうと一歩踏み込んでもらわないといけない。

たとえばミスチルが「恋ってホントにすばらしいね〜」みたいな、誰でも書けるような歌を歌ってもあなたはせつなくならない。一般的すぎて踏み込みようがないからだ。

逆に踏み込むのは、より個人的な経験を歌った歌だ。ミスチルでもスピッツでもゆずでもユーミンでもいい。共感する歌を思い出してほしい。共感する歌には必ず「個人」が歌い込まれている。

つまり、あなたが「個」を出せば出すほど、相手はあなたの中に「自分と同じところ」を探そうと踏み込んでくるということである。

あなたがあなたらしくあればあるほど、相手は踏み込んでくるのだ。

あなたがあなたらしくあること。

「個」を出すこと。

自分だけの経験や思いを語ること。

相手や一般論に自分を合わせないこと。

それこそが「共感」を作るのだ。

だからあなたは「個」をもっと前面に出すべきだ。

なんだか自己啓発本みたいになってきたが(笑)、「個」を出すことこそファンベースにおけるアイデアの作り方なのである。

ちなみに世の中で一番共感されないのは何だか知ってますか?

それは、一般論である。もしくはポジション・トークである。

よく政治家とか役人とか社長とか校長がするアレである。たとえば「いじめはよくないよ。相手の気持ちになって考えてみよう」みたいなアレである。紋切り型のポジション・トーク。すべての人の耳に優しい一般論。「自分の言葉」がひとつも入っていない無難なお話。

それらが共感されないのは、踏み込みようがないからだ。彼らが自分の経験を自分の言葉で語っていないからだ。「自分と同じところ」を探すまでもない。

だって、最大公約数的なところをわざわざ探して無難に言ったんだもん。あなたが「共感」を創りたかったら、そういう一般論や無難なポジション・トークだけはしてはいけない。

世の中にはいろんな人がいるからって、そこに向かって最大公約数的なことを話しても、誰も共感しない。

個人のSNSでも同じだ。

もし、あなたの投稿がシェアやいいね！やRTがあまりされないのであれば、投稿した文章をよく読み返してみてほしい。

「個」が入ってない、無難な一般論を書いてないですか？

それでは人は共感しないのである。

どんなに普通な自分でもいい。自信がない自分でもいい。

自分だけの経験や考えや感想を、ひと言でいいから付け足してみてほしい。

友人知人がそこに「自分と同じところ」を探しに来る。そして「共感」してくれる。

と、ちょっと情緒的に書いてきたが、ファンベースにおいて大切な「共感」を起こすアイデアとは、このようなことだとボクは考えている。

商品広告だろうが、企業広告だろうが、SNSの公式アカウントだろうが、一般論で語ってはいけない。

あなたの「個」を入れて、ひとりの人間として伝えるのだ。あなただけの考えを入れるのだ。

仕事で「個」を入れるのは難しい？　立場上無理がある？

であるなら、しばらく、共感した広告や企業アカウントの文章などを注意深く見てほしい。

そこには上手に「個」が入っている。

そのやり方を見習って、少しずつ「共感されるアイデア」に近づいていってほしいと思う。

伝わらない時代の「伝わる」方法がアナログ的なのは偶然ではない

さて、ファンベースでのアイデアを考えるときの基本、「共感が起こるメカニズム」について私見を述べてみたが、いかがだっただろうか。

この本でも、なるべく「自分だけの経験」を混ぜて書いてみた。

論文的な文章展開よりも、ボクの個人的な経験談とか意見とかを混ぜたときのほうが、気持ち的に一歩踏み込んで読めませんでしたか？

「共感」とはそういうときに起こる。

無意識に自分に当てはめて考えて「あー、わかるかも。そういうことってあるよね」と、ボクと同じ経験などしたこともないはずなのに、思うのである。

そうやって人と人は「共感」し、「つながり」を作っていく。

世はどんどんデジタル化が進んでいる。

でも、人間はアナログであり、それは未来永劫変わらない。

脳にチップを埋め込む未来が来たとしても、「心」がある限り、人間はアナログな生き物なのだ。

砂一時代の生活者はネットというデジタルに包囲されてはいるが、でも、だからこそ、きわめて逆説的にボクたちは友人知人との結びつきを強めている。つながりを大事にしている。アナログなふれあいを大切にしているのである。

友人知人を介す。

ファンを大切にする。

オーガニックな言葉を言ってもらう。

伝えたい相手の笑顔を具体的にイメージする。

デジタル情報が砂嵐のごとく溢れかえった伝わらない時代なのに、これら「伝わる」方法がとてもアナログ的なのは偶然ではない。

生活者は、消費者でも顧客でもユーザーでもない、「感情をもった人間」だからである。

感情をもった人間だから面倒くさい。

昨日笑顔だったのに今日はもう怒ってる。突然クレーマーに豹変することだって充分あり得る。全然気持ちが理解できなくて途方に暮れることとさえ多々ある。

でも、だからこそ、「共感」しあったときに、あんなにうれしいのだ。

マザー・テレサも言っている。

人は、不合理、非論理、利己的です。気にすることなく人を愛しなさい、と。

おしまいに――ボクたちは幸せな時代に生きている

松井秀喜選手がヤンキースで現役だったころ、あるテレビ番組でこんな意味のことを言っていた（注40）。

なによりもまず、きっちりいま現在の自分の100％を発揮することが大切です。80％（さぼり）でも120％（ラッキー）でもいけません。100％を発揮する。そのためにはまず「自分の100％」を知らなければいけません。それを知っていれば決して緊張はせず、自分のいまの実力を出し切れます。

たとえば相手がメジャーリーグを代表するようないいピッチャーだったら、「いまの自分の100％では打てない」という冷静な判断が前提となります。

打てるかもしれない、打ってやろう、とは考えない。いまの自分では打てないというところから始める。で、そのうえで、もしこのコースに球が来たらいまの自分でも打てる可能性がある、と考えてそれを待つのです。

ラッキーで他のコースも打てるかもしれないとは考えない。もしかしたら打てるかもしれないけど、それは自分のチカラではなく運のチカラなのです。

打席ではそうやって頭を整理して物事に臨むので緊張はしません。

観客の声援やブーイング、マスコミのバッシングなども自分ではコントロールできないので気にしません。ゆえに緊張しません。

だから、巨人時代もメジャーリーグ時代も、どんな緊迫した場面でも、緊張したことは一度もないのです。

いい言葉すぎるので思わず長く引用してしまった。

そうか120%を出せちゃってもダメなんだ、とか、いままで緊張してたのはそういうわけか、とか、たしかにバッシングとか炎上とか自分ではコントロールできないことを考えても仕方ないよね、とか、発見はいろいろある。

でも、ボクは、特に砂一時代の生活者とのコミュニケーションを考えるとき、この中の

注40 「世界一受けたい授業」という番組で「緊張のメカニズム〜成功の心理学」というテーマで特別講師をしたときである（話し言葉をメモったので正確な引用ではない）。

「打てるかもしれない、打ってやろう、とは考えない。いまの自分では打てないというところから始める。で、そのうえで、もしこのコースに球が来たらいまの自分でも打てる可能性がある、と考えてそれを待つのです」という一節をよく思い出す。

そして、気を引き締めて「自分の１００％」を見直すようにしている。

ボクが打てるコースは、どこだっけ……。

だって、砂一時代の過酷すぎる情報環境は、いままで誰も経験したことがない超絶ピッチャーなのだ。

毎回毎回初めて見る球種ばかりだし、無数の砂粒が突風に乗って飛んでくる魔球まである。スピードも速すぎてキャッチャーミットにおさまる音が聞こえてから「あ、もう投げてたんだ」と気がつくことすらある。

まるでアストロ球団のような状況なのだ（古っ）。

だから、打てるかもしれない、とは考えない。

打てないことが前提だ。

ラッキーで他のコースも打てるかもとか考えない。もしかしたら打てるかもしれないけど、それは運のチカラ。大切な予算を預かるプロがラッキーに頼るのは失礼だ。

そのくらい難しいコミュニケーションに取り組むのだと自分に言い聞かせて、謙虚にプランニングすることにしている。

それゆえに、企業相手の仕事でも、自信ありげなプレゼンなどできない。

「こういう目立つキャンペーンをして新規顧客を獲得しましょう！」などと言い切るライバルたちの派手なプレゼンを横目に（いまの生活者を相手にそんなこと言い切っちゃって大丈夫かなぁ）、自分が打てそうなコースについてご説明をし、それ以外については正直に「いっしょに試行錯誤してください」とお願いするような、相手を不安にさせるプレゼンをする。

だからよく負ける（笑）。

でもね、「できます！」と保証するのは不誠実だし、なにより「新規顧客獲得の目立つキャンペーン」とか砂一時代の生活者相手にやったら、スルーどころか、うざがられて企業イメージを損なう可能性すらある。企業の損になるかもしれないことにお金を使う提案など、やっぱりできないのだ。

では、自分が確実に打てるコースはどこなのか。

それをひとつひとつシビアに見直しながら積み重ねて構築してみたのが本書である。

こうして頭を整理した結果、何とか70点はとれるようになったと思っている。

そして。

最近もうひとつ打てるコースが増えた気がしている。

それは、「ファンをとことん大切にする」ということ。

「ファンベースでプランニングをする」ということだ。

それは自分がとてもやりたかったことでもある。

ちょっと不幸になりかけていた「伝える仕事」を、ふたたび「とても幸せな仕事」にするプランニングでもあるのである。

ファンをよくよく見る。

ファンを大切にし、もてなす。

ファンを笑顔にするためのコミュニケーションを考える。

従来のマーケティングは、まだその商品を使っていない生活者をターゲットにして撃ち落とそうとした。そこでは「その商品をすでに愛用している生活者」や「その企業を愛している生活者」はほとんど無視された。すでに買った人やすでに好きになってくれている人とコミュニケーションしても売り上げは上がらないと思い込んでいたからだ。

でも、この時代、そういう生活者こそが大切になったのだ（なぜなのかは本文に長々と書いてきた）。

あなたがメーカーの人なら、すでに商品を愛用してくれているファン。

あなたが小売店の人なら、何度も来店してくれているファン。

あなたがサービス業なら、いつも利用してくれているファン。

あなたが経営者なら、いっしょの船に乗っている最強のファンである社員たち。

そういう方々こそをとことん大切にしないといけない時代に入ったのである。

いま使っていない方々を追うためにお金をたくさん使うのはもうやめよう。

いま使ってくれているファン、興味関心を持ってくれているファンにこそ、限られた予算を使おう。それが砂一時代の生活者へのアプローチである。

そしてそういう方々は、実はすぐ近くにいる。

まさに「ほら　あなたにとって大事な人ほど　すぐそばにいるの」である（扉の言葉）。


この時代は過酷だ。

でも、実に幸せだ。

30年も広告コミュニケーションの世界にいるが、最近ほど、幸せな時代だなぁと実感する時代はない。

いや、プレゼンは誠実にやればやるほど勝てないんだけどね（笑）。

でも、幸せなのだ。

商品もサービスも、生活者の笑顔を作っている。

なのに、人とコミュニケーションしようとする「伝える仕事」は、どんどんそこから乖離していっていた。

そこに悩み、疲れていた。

誰かを笑顔にできると思って入った世界なのに、笑顔どころか顔さえも見えない。笑顔にした実感も手応えも得られない。そんな状況に最近どんどん陥っていた。

でもようやくそのトンネルから抜け出して、「明日《あした》」へ向かえそうである。

その商品を愛してくれているファンに伝える。

少数でもいいから、ちゃんと笑顔になってもらう。

それが結果的に売り上げにもつながっていく。

そういう幸せな循環がようやく起こり始めているのである。

身近な、顔が見えるファンたちをとことん大切にして笑顔になってもらうって、ボクにも打てそうなコースじゃん？

うん、ボクたちは幸せな時代に生きている。

ファンだけを見て１００％を出し切ろう。

悩むのはもうやめて、伝えたい相手の笑顔を見に行こう。

この本は実は半年前に書き終わっているはずであった。怠惰なボクを辛抱強く待ってくださった講談社の丸山勝也さん、本当にありがとうございました。

それと、ボクは「さとなおオープンラボ」という少人数のクラスを持っているのだけど、この本の内容は、そのメンバーたちに何度もぶつけ、議論し、試行錯誤し、直しては捨て、捨てては拾いして、じわじわ作り上げていった建造物をもとにしている。

そういう意味で、この本はラボメンバーたちがいなければ出来上がらなかった。ラボの一期、二期、三期のメンバーたちに本当に感謝したい。名前をここに記させてください。

宇根岡亨、上坂優太、小久保英史、重住桜子、田中雄之、原田紘子、樋口天平、洞本宗和、松本恒太朗、丸山忠彦、三井ゆかり、山本俊介、池田千恵、上田浩士、内田浩二、楠見敦美、高島恒雄、塚田歩、辻貴之、徳力基彦、深谷洋子、保科武彦、本多敦、村越豊、池田慎一朗、岡井恒介、木村隆二、近藤早春、佐々木大輔、永井克弥、永井身幸、高阪学、土屋浩二、原田隼人、松井孝治、依田真幸、伊佐慶太、えのもとけんじ、谷垣たけし、出村光世、庭野広平、藤枝慶、星野祐司、松江大吾、松尾正太郎、松川佳奈、宮下菜穂子、吉田洋基、安藤直人、多田正大、小塚仁篤、佐々木裕子、佐藤圭一、霜田真実、善塔久美子、田中奈王子、永田知美、成田真人、西村陸、松本晃久、安藤淳、飯島真梨、織田建秀、河野美月、杉村佳世子、須永朗、高井知美、立山廉、田中宏大、玉川健司、益田勇気、吉田豊、井上雄太郎、岡村和佳菜、門脇俊仁、佐々木久実、下要、鈴木ゆい、高見祐介、竹中直己、田中良治郎、干場香名女、松岡謙二、水口麻希子。(一期二期三期の順。敬称略)

最後に、いつも支えてくれている弊社㈱ツナグ社員の伊藤美希子と、去年まで社員だった宇野実樹に感謝をこめて。どうもありがとう。

あ。家族を忘れた。

ほら、あなたにとって大事な人ほどすぐそばにいるの。

優子と響子と両親と義母とトイに、感謝をこめて。

2015年4月　佐藤尚之

講談社現代新書　2302
明日《あした》のプランニング――伝《つた》わらない時代《じだい》の「伝《つた》わる」方法《ほうほう》

二〇一五年五月二〇日第一刷発行

著　者　佐藤尚之《さとうなおゆき》　

発行者　鈴木　哲
発行所　株式会社講談社
東京都文京区音羽二丁目一二―二一　郵便番号一一二―八〇〇一
電　話　〇三―五三九五―三五二一　編集（現代新書）
〇三―五三九五―四四一五　販売
〇三―五三九五―三六一五　業務
装幀者　中島英樹
印刷所　凸版印刷株式会社
製本所　株式会社大進堂
定価はカバーに表示してあります　Printed in Japan

JASRAC　出1504632-501

N.D.C. 300　302p　18cm
ISBN978-4-06-288302-3

「講談社現代新書」の刊行にあたって

教養は万人が身をもって養い創造すべきものであって、一部の専門家の占有物として、ただ一方的に人々の手もとに配布され伝達されうるものではありません。

しかし、不幸にしてわが国の現状では、教養の重要な養いとなるべき書物は、ほとんど講壇からの天下りや単なる解説に終始し、知識技術を真剣に希求する青少年・学生・一般民衆の根本的な疑問や興味は、けっして十分に答えられ、解きほぐされ、手引きされることがありません。万人の内奥から発した真正の教養への芽ばえが、こうして放置され、むなしく滅びさる運命にゆだねられているのです。

このことは、中・高校だけで教育をおわる人々の成長をはばんでいるだけでなく、大学に進んだり、インテリと目されたりする人々の精神力の健康さえもむしばみ、わが国の文化の実質をまことに脆弱なものにしています。単なる博識以上の根強い思索力・判断力、および確かな技術にささえられた教養を必要とする日本の将来にとって、これは真剣に憂慮されなければならない事態であるといわなければなりません。

わたしたちの「講談社現代新書」は、この事態の克服を意図して計画されたものです。これによってわたしたちは、講壇からの天下りでもなく、単なる解説書でもない、もっぱら万人の魂に生ずる初発的かつ根本的な問題をとらえ、掘り起こし、手引きし、しかも最新の知識への展望を万人に確立させる書物を、新しく世の中に送り出したいと念願しています。

わたしたちは、創業以来民衆を対象とする啓蒙の仕事に専心してきた講談社にとって、これこそもっともふさわしい課題であり、伝統ある出版社としての義務でもあると考えているのです。

一九六四年四月　野間省一